Oficina de redação: foco Enem

Dados Internacionais de Catalogação na Publicação (CIP)
(Simone M. P. Vieira – CRB 8ª/4771)

Itasiki, Fábio
   Oficina de redação: foco Enem / Fábio Itasiki. – São Paulo: Editora Senac São Paulo, 2023.

   Bibliografia.
   ISBN 978-85-396-3967-0 (Impresso/2023)

   1. Redação : Língua Portuguesa I. Título

22-1818g   CDD – 469.81
                                   BISAC LAN001000
                                         LAN005000
                                         LAN007000

Índice para catálogo sistemático:
   1. Redação : Língua Portuguesa   469.81

Oficina de redação: foco Enem

Fábio Itasiki

Editora Senac São Paulo – São Paulo – 2023

ADMINISTRAÇÃO REGIONAL DO SENAC NO ESTADO DE SÃO PAULO

Presidente do Conselho Regional
Abram Szajman

Diretor do Departamento Regional
Luiz Francisco de A. Salgado

Superintendente Universitário e de Desenvolvimento
Luiz Carlos Dourado

EDITORA SENAC SÃO PAULO

Conselho Editorial
Luiz Francisco de A. Salgado
Luiz Carlos Dourado
Darcio Sayad Maia
Lucila Mara Sbrana Sciotti
Luís Américo Tousi Botelho

Gerente/Publisher
Luís Américo Tousi Botelho

Coordenação Editorial
Ricardo Diana

Prospecção
Dolores Crisci Manzano

Administrativo
Verônica Pirani de Oliveira

Comercial
Aldair Novais Pereira

Coordenação de Revisão de Texto
Janaina Lira

Preparação de Texto
Juliana Ramos Gonçalves

Revisão de Texto
Juliana Ramos Gonçalves e Karen Daikuzono

Coordenação de Arte
Antonio Carlos De Angelis

Coordenação de E-books
Rodolfo Santana

Impressão e Acabamento
Visão Gráfica

Proibida a reprodução sem autorização expressa.
Todos os direitos desta edição reservados à
Editora Senac São Paulo
Av. Engenheiro Eusébio Stevaux, 823 – Prédio Editora
Jurubatuba – CEP 04696-000 – São Paulo – SP
Tel. (11) 2187-4450
editora@sp.senac.br
https://www.editorasenacsp.com.br

© Editora Senac São Paulo, 2023

Sumário

Nota do editor — 09

01. O texto – sentir para entender o mundo — 11
Introdução — 12
Ler para entender o mundo — 14
Leitura competente do texto — 15
Tipologia e gêneros textuais — 17
Como elaborar um texto — 19
Considerações finais — 21
Produção textual — 23
Referências — 26

02. Enem – o exame que abre portas — 27
Introdução — 28
Como é a prova de redação no Enem — 29
Os temas que já caíram — 30
Critérios de correção — 33
A cartilha de redação — 34
Análise de redação nota 1.000 — 35
Comentário da banca do Enem — 36
Produção textual 1 — 39
Produção textual 2 — 43
Referências — 45

03. Frase, oração, período – as pequenas grandes partes do texto — 47
Introdução — 48
Frase, oração e período — 49
Tópico frasal — 51
O desenvolvimento do parágrafo — 53
Produção textual 1 — 55
Produção textual 2 — 60
Referências — 62

04.	A introdução – começando bem o texto	63
	Introdução	64
	Por que a introdução é importante?	65
	Tipos de introdução	67
	Produção textual 1	73
	Produção textual 2	78
	Referências	81

05.	Argumentação – a defesa de uma ideia	83
	Introdução	84
	Tipos de argumentos	85
	Argumentos na redação do Enem	88
	Principais falhas argumentativas	90
	Argumentação bilateral	91
	Produção textual 1	92
	Produção textual 2	97
	Referências	101

06.	Conclusão – terminar a redação com técnica	103
	Introdução	104
	Os cinco elementos da proposta	106
	Falhas mais comuns	108
	Produção textual 1	111
	Produção textual 2	114
	Referências	116

07.	Coesão e coerência – união e concordância	117
	Introdução	118
	Os conectores	119
	Tipos de coesão	122
	Algumas sugestões do Enem	125
	Produção textual 1	128
	Produção textual 2	132
	Referências	135

08. **Repertório sociocultural produtivo – o mundo em uma redação**   **137**
Introdução   **138**
Como utilizar o RSP no Enem   **139**
Como se lembrar das informações: uma técnica poderosa   **141**
Produção textual 1   **146**
Produção textual 2   **148**
Referências   **151**

Nota do editor

Professor de literatura e redação, o autor deste livro criou este conteúdo com um objetivo em mente: apresentar instrumentos para você ser capaz de ler os textos que o mundo apresenta e, assim, escrever seus próprios, valorizando suas impressões, suas opiniões e seus sentimentos.

Para isso, colocou seu foco no Enem. A redação é a área que mais vale pontos na prova, e o preparo para ela traz uma bagagem consistente para escrever bem em diversas outras situações.

Para estudantes que vão fazer o exame e prestar vestibulares, o livro funciona como uma consolidação dos saberes vistos no ensino médio. Para o público em geral interessado no tema, é um resgate de informações e orientações que ajudam a superar aquela hesitação inicial diante da folha (ou tela) em branco.

Com esta publicação, o Senac reforça a marca de excelência presente em seus cursos, auxiliando a desenvolver uma habilidade poderosa: a de produzir um texto capaz de mudar a sua história pessoal e profissional.

O texto – sentir para entender o mundo

01.

Introdução

Observe a seguinte questão do Exame Nacional do Ensino Médio (Enem):

PALAVRAS TÊM PODER

Palavras informam, libertam, destroem preconceitos.

Palavras desinformam, aprisionam e criam preconceitos.

Liberdade de expressão. A escolha é sua. A responsabilidade, também.

A liberdade de expressão é uma conquista inquestionável. O que todos precisam saber é que liberdade traz responsabilidades. Publicar informações e mensagens sensacionalistas, explorar imagens mórbidas, desrespeitar os Direitos Humanos e estimular o preconceito e a violência são atos de desrespeito à lei.

Para promover a liberdade de expressão com responsabilidade, o Ministério Público de Pernambuco se une a vários parceiros nesta ação educativa. Colabore. Caso veja alguma mensagem que desrespeite os seus direitos, denuncie.

0800 281 9455 – Ministério Público de Pernambuco

Disponível em: http://palavrastempoder.org. Acesso em: 20 abr. 2015.

Pela análise do conteúdo, constata-se que essa campanha publicitária tem como função social:

a) propagar a imagem positiva do Ministério Público.

b) conscientizar a população que direitos implicam deveres.

c) coibir violações de direitos humanos nos meios de comunicação.
d) divulgar políticas sociais que combatem a intolerância e o preconceito.
e) instruir as pessoas sobre a forma correta de expressão nas redes sociais.

Fonte: Inep (2019, p. 5).

Ah, as palavras! Sim, elas têm poder e não é pouco. Como você viu no texto da figura anterior, utilizado para contextualizar a questão do enunciado, as palavras "informam, libertam, destroem preconceitos" ou "desinformam, aprisionam e criam preconceitos". Onde está a diferença? No modo como são utilizadas. Se é difícil utilizá-las? Quanto mais você praticar, mais fácil vai ficar.

O objetivo desta obra é mostrar como elaborar uma redação, como produzir um texto, basicamente para o Enem. Além disso, queremos fazê-lo entender melhor o mundo do texto, para que você também possa compreender melhor o nosso próprio mundo.

Aliás, a compreensão do nosso universo começa a partir de um microcosmo: a casa ou o bairro onde vivemos, que nos oferecem referência do que somos, do que representamos, do que pensamos e do que sentimos. É com base nessas percepções que podemos começar a escrever nossos textos, oferecer ao leitor uma impressão da nossa opinião sobre qualquer assunto.

Diferentemente do que a maioria dos estudantes pensa, escrever não precisa necessariamente de criatividade, mas, sim, de vivência, de conhecimento de técnicas e de vontade de apresentar uma ideia para alguém ou para uma banca examinadora. Então, antes de pensar que você não tem capacidade para escrever uma redação, vamos entender o que pode ser um texto.

Ler para entender o mundo

Quando falamos sobre o que é realmente um texto, a discussão é ampla. Há pessoas que supõem que é simplesmente um aglomerado de palavras. Alguns pensam que é apenas o que pode ser escrito, enquanto outros acreditam que o texto pode ser oral. Na verdade, a própria linguística, área do conhecimento que estuda a linguagem, ainda procura uma definição precisa de texto.

Ainda assim, sobre o texto, é possível afirmar que:

- é uma unidade de ideias que apresenta sentido;
- é produzido por um autor;
- pode ser enviado para um receptor;
- não é um aglomerado aleatório de palavras;
- pode ser verbal ou não verbal;
- pode ser oral.

Desse modo, uma foto, um beco grafitado, um emoji, um símbolo, uma estátua, um quadro, uma conversa, uma pintura e uma letra de música podem ser considerados textos, desde que apresentem sentido completo, que sejam dotados "de unidade sociocomunicativa, semântica e formal", conforme afirma a professora Maria da Graça Costa Val em sua obra *Redação e textualidade* (1991, p. 3). Portanto, a leitura atenta de tudo o que é texto é o que fará você ter repertório sociocultural para fundamentar as suas redações.

No Enem, o texto que você deve produzir é da tipologia dissertativa e do gênero dissertativo-argumentativo. Por isso, apesar de mencionarmos várias concepções de texto, há um tipo muito específico que você precisa aprender, considerando-se o que é solicitado pelo Exame Nacional do Ensino Médio.

Leitura competente do texto

Nesta parte de nossos estudos, ficará mais claro para você qual será sua tarefa na construção do conhecimento por meio da leitura.

Ler com competência não é fácil, como também não deve ser simples praticar esportes em alto rendimento, cozinhar como um *chef* de cozinha internacional ou atuar em uma peça, em um filme, em uma série televisiva. Mas como será que essas pessoas ganham medalhas, são certificadas e reconhecidas ou recebem um prêmio da Academia de Artes, como o Oscar?

Esses profissionais conseguem isso com força de vontade e disposição para enfrentar pequenos desafios. Do mesmo modo, ser um bom leitor também demanda força de vontade e disposição para enfrentar pequenos desafios, além de leitura constante e atenta – e isso é com você!

Mas fique tranquilo porque, ao longo desta obra, você encontrará recursos para melhorar sua leitura. E vamos começar isso agora!

Cada um, na verdade, tem o seu jeito de pôr em prática a leitura de textos, mas algumas dicas são valiosas na busca pela compreensão ampla dos significados e dos sentidos do texto. Assim, algumas dicas são:

1. Ao iniciar a leitura do texto, procure identificar qual a tipologia e o gênero textual. Além disso, procure fazer uma primeira leitura mais global para se situar diante das características mais evidentes.
2. Depois da primeira leitura – a de reconhecimento das características –, faça uma segunda leitura, marcando os trechos que você julgar mais importantes.
3. Faça uma análise das partes mais importantes e procure elaborar um resumo mental do que você leu.
4. Imagine que alguém esteja pedindo para você explicar o que está escrito no texto. Se você quiser e houver oportunidade, anote e reescreva alguns trechos lidos.

Agora, a dica mais importante é: quanto maior for seu horizonte de leituras, melhor será sua compreensão dos textos e mais ampla será sua leitura de mundo.

Tipologia e gêneros textuais

Os textos podem ser classificados segundo sua tipologia, bem como segundo seus gêneros. Sobre as tipologias, que abrangem os gêneros, as mais frequentes nos exames vestibulares são:

- descritiva;
- narrativa;
- dissertativa;
- expositiva; e
- injuntiva.

Vale lembrar que o Enem solicita a tipologia dissertativa; entre os vários gêneros dentro dessa classificação, você deve desenvolver um texto dissertativo-argumentativo. Por esse motivo, seu texto deve ter alguns elementos que estudaremos detalhadamente mais adiante, como tema e tese, além da argumentação, isto é, a linha de raciocínio para afirmar o seu ponto de vista ao longo da redação.

Conforme já dito, cada tipologia textual abriga vários gêneros textuais. Vamos apresentar alguns deles, como exemplo, no quadro a seguir.

Tipos textuais	Gêneros textuais
Descritivo	Laudo Relatório Ata Folheto turístico Cardápio Anúncio
Narrativo	Conto Crônica Fábula Apólogo Lenda Novela Romance
Dissertativo	Artigo de opinião Editorial Abaixo-assinado Carta do leitor Dissertação argumentativa
Expositivo	Reportagem Notícia Artigo científico Resumo Fichamento Verbetes
Injuntivo	Receita culinária Bula de medicamento Manual de instrução Instrução de trânsito

O objetivo deste livro, como já dissemos, é fornecer instrumentos para que você possa ler os textos que o mundo nos apresenta e escrever seus próprios textos – não importa qual seja a tipologia ou o gênero textual – de maneira autônoma, autoral e independente, valorizando suas impressões, suas opiniões e seus sentimentos.

Como elaborar um texto

Observe os seguintes excertos:

> A vida não me chegava pelos jornais nem pelos livros
> Vinha da boca do povo na língua errada do povo
> Língua certa do povo
> Porque ele é que fala gostoso o português do Brasil
> Ao passo que nós
> O que fazemos
> É macaquear
> A sintaxe lusíada [...]
>
> BANDEIRA, Manuel. "Evocação do Recife". In: **Estrela da vida inteira**. Rio de Janeiro: Nova Fronteira, 2007.

> Escrever é triste. Impede a conjugação de tantos outros verbos. Os dedos sobre o teclado, as letras se reunindo com maior ou menor velocidade, mas com igual indiferença pelo que vão dizendo, enquanto lá fora a vida estoura não só em bombas como também em dádivas de toda natureza, inclusive a simples claridade da hora, vedada a você, que está de olho na maquininha. O mundo deixa de ser realidade quente para se reduzir a marginália, purê de palavras, reflexos no espelho (infiel) do dicionário.
>
> ANDRADE, Carlos Drummond de. "Hoje não escrevo". In: **O poder ultrajovem e mais 79 textos em prosa e verso**. São Paulo: Companhia das Letras, 2015, p. 137.

> Ninguém pagou minhas contas,
> Ninguém enxugou minhas lágrimas
> Ninguém viveu minha vida,
> Ninguém escreveu minhas páginas
> [...]
> Meu sentimento cresce, cria asas, quer voar
> Daí escrevo um rap e solto pra alguém escutar
> Agrada alguns, naturalmente outros vão detestar
> Mas eu faço por mim, errado é se eu mudar pra te agradar
>
> PROJOTA. "Pra não dizer que não falei do ódio". ***3Fs Ao Vivo***. EMI/Universal Music, 2016.

Esses três textos apresentam os entendimentos de seus respectivos autores sobre o ato de comunicar. O primeiro afirma que alguns escritores "macaqueiam", ou seja, copiam, a linguagem dos portugueses (como suas relações formais no trato da língua), enquanto o mais interessante seria seguir as regras, ou a falta de regras, da "língua errada do povo/língua certa do povo".

O segundo texto afirma que "escrever é triste", pois as palavras escolhidas por quem escreve deixam de lado tantas outras que poderiam ser utilizadas e não o são. Além disso, o autor afirma que a escrita o afasta do mundo real, transformando este em um "purê de palavras".

Os últimos versos, por fim, mostram um compositor que escreve quando o sentimento "cresce e cria asas" e que não se importa com o receptor da mensagem, pois o mais importante para ele é se expressar.

> **Para pensar**
> Você concorda com algum desses posicionamentos? Se sim, com qual dos autores? Manuel Bandeira, Carlos Drummond de Andrade ou Projota? Concorda com mais de um deles?

Considerações finais

Talvez ainda estejamos engatinhando na tarefa de escrever. Então, o básico é o suficiente por enquanto. Para produzir um texto bom e competente, que satisfará a banca examinadora, você pode seguir o seguinte roteiro:

- **Planejamento textual (projeto de texto):** depois de ler a proposta de redação e compreender qual é o tema, faça anotações sobre ele e elenque tudo o que você puder, tudo o que estiver em sua bagagem cultural e for relacionado ao tema (livros, personagens, notícias, filmes, séries, desenhos animados, opiniões de especialistas, filósofos, sociólogos, antropólogos, etc.). Imagine como essas ideias podem fazer parte do seu texto. Veja também o que não será utilizado, o que não se encaixa para expressar o que você está pensando sobre o tema.
- **Rascunho:** comece a escrever a sua redação. Siga o seu planejamento textual e, apesar de ele não ser "engessado", procure ser o mais fiel possível, na estrutura do texto, às ideias que você inicialmente imaginou.

- **Revisão:** depois de escrever o rascunho, está na hora de lê-lo com atenção extremamente crítica. Se puder, faça uma leitura em voz alta para perceber, por meio do sentido da audição, o que pode estar errado.
- **Transcrição (passar a limpo):** finalmente, passe o texto a limpo, com cuidado, respeitando as margens e o número máximo de linhas, sem ultrapassar o limite.

Produção textual

Agora, chegou a hora de praticar!

Proposta de redação

Com base na leitura dos textos motivadores a seguir e nos conhecimentos construídos ao longo de sua formação, redija um texto dissertativo-argumentativo sobre o tema "Como promover a educação inclusiva no Brasil, respeitando as singularidades dos educandos com deficiência?", apresentando uma proposta de intervenção que respeite os direitos humanos. Selecione, organize e relacione, de maneira coerente e coesa, argumentos e fatos para defender seu ponto de vista.

Texto I

Lei garante inclusão de portador de necessidade especial[1] em qualquer escola

Onde os alunos com algum tipo de deficiência devem estudar? As polêmicas que cercam o assunto devem ser minimizadas em breve. Em 1º de janeiro de 2016, entrou em vigor a lei federal 13.146/2015 que, entre várias regras, obriga qualquer escola a atender o portador de necessidades especiais, independentemente da gravidade do problema.

---

[1] A expressão "portador de necessidade especial", ainda aceita à época da publicação original, não é mais usada atualmente, pois transmite a ideia de que a deficiência é algo, um objeto que se carrega e que se pode eventualmente não carregar mais. Prefira usar "pessoa com deficiência".

Pela norma, as instituições devem fazer todas as adaptações necessárias para atender a esses estudantes. No entanto, nenhum valor extra poderá ser cobrado pelos serviços.

[...] Ainda hoje, os estudantes com deficiência são colocados no fundo da sala e, sem assistência, não conseguem acompanhar o ritmo da turma. Para suprir as demandas dos filhos, muitos pais acabam arcando com as despesas para impressão de um material adaptado ou de um monitor que auxilie crianças e adolescentes com necessidades especiais.

Os problemas também existem na rede pública. Além da estrutura falha para atender a esses alunos, há pessoas com elevado grau de deficiência que não conseguem se adaptar às instituições regulares. Para esses casos, existem as escolas especiais. (RAMOS, 2015)

Texto II

O Ministério da Educação – MEC, por meio da Secretaria de Modalidades Especializadas da Educação – SEMESP, apresenta este Documento que trata da implementação da Política Nacional de Educação Especial: Equitativa, Inclusiva e com Aprendizado ao Longo da Vida (PNEE 2020), instituida por meio do Decreto nº 10.502, de 30 de setembro de 2020.

[...] A intenção, hoje, não é mais discutir "se" cada instituição de ensino deve atender a educandos com deficiência, transtornos globais do desenvolvimento e com altas habilidades ou superdotação em uma perspectiva inclusiva – em classes regulares inclusivas, classes especializadas, classes bilingues de surdos, escolas regulares inclusivas, escolas bilingues de surdos ou escolas especializadas – pois, como sinaliza a Lei de Diretrizes e Base – LDB (Lei nº 9.394, de 20 de dezembro de 1996), no art. 58, § 2º: "O atendimento educacional será feito em classes, escolas ou serviços especializados, sempre que, em função das condições especificas dos alunos, não for possível a sua integração nas classes regulares de ensino regular". (BRASIL, 2020, p. 10-11)

Texto III

Desafios na inclusão dos alunos com deficiência na escola pública

A escola inclusiva é aquela que abre espaço para todas as crianças, incluindo as que apresentam necessidades especiais. As crianças com deficiência têm direito à Educação em escola regular. No convívio com todos os alunos, a criança com deficiência deixa de ser "segregada" e sua acolhida pode contribuir muito para a construção de uma visão inclusiva. Garantir que o processo de inclusão possa fluir da melhor maneira é responsabilidade da equipe diretiva – formada pelo diretor, coordenador pedagógico, orientador e vice-diretor, quando houver – e para isso é importante que tenham conhecimento e condições para aplicá-lo no dia a dia da escola.

[...] Outro ponto que consta da política educacional de inclusão é a criação de salas de recursos multifuncionais, que não pode ser confundida com uma sala qualquer de recursos. As salas multifuncionais são pensadas para complementar ou suplementar a aprendizagem dos estudantes com deficiência, transtornos globais do desenvolvimento e altas habilidades/superdotação.

Cabe ao gestor oferecer tempo e espaço para que professores, coordenador e especialistas possam conversar e tirar dúvidas sobre a integração do aluno com deficiência. O coordenador deve estar atento a possíveis alterações no plano político-pedagógico (PPP) e no currículo para contemplar o atendimento à diversidade e materiais pedagógicos necessários ao atendimento, além de prever o uso de projeções, áudio e outros recursos nas atividades. (YOSHIDA, 2018)

Referências

BRASIL. Ministério da Educação. **Política Nacional de Educação Especial**. Equitativa, inclusiva e com aprendizado ao longo da vida. Brasília, DF: Ministério da Educação, 2020. Disponível em: https://www.gov.br/mec/pt-br/media/acesso_informacacao/pdf/PNEE_revisao_2808.pdf. Acesso em: 16 jan. 2023.

COSTA VAL, Maria da G. **Redação e textualidade**. São Paulo: Martins Fontes, 1991.

INSTITUTO NACIONAL DE ESTUDOS E PESQUISAS EDUCACIONAIS ANÍSIO TEIXEIRA (INEP). **Exame Nacional do Ensino Médio**. Caderno 1 – Azul. Brasília, DF: Ministério da educação; Inep, 2019. Disponível em: https://download.inep.gov.br/educacao_basica/enem/provas/2019/caderno_de_questoes_1_dia_caderno_1_azul_aplicacao_regular.pdf. Acesso em: 5 maio 2021.

RAMOS, Raquel. Lei garante inclusão de portador de necessidade especial em qualquer escola. **Hoje em dia**, 15 out. 2015. Disponível em: https://www.hojeemdia.com.br/horizontes/lei-garante-inclus%C3%A3o-de-portador-de-necessidade-especial-em-qualquer-escola-1.326360. Acesso em: 24 fev. 2021.

YOSHIDA, Soraia. Desafios na inclusão dos alunos com deficiência na escola pública. **Nova Escola Gestão**, 29 mar. 2018. Disponível em: https://gestaoescolar.org.br/conteudo/1972/desafios-na-inclusao-dos-alunos-com-deficiencia-na-escola-publica. Acesso em: 24 fev. 2021.

Enem – o exame que abre portas

02.

Introdução

Confira o seguinte texto:

> A prova de redação exige de você a produção de um texto em prosa, do tipo dissertativo-argumentativo, sobre um tema de ordem social, científica, cultural ou política. Os aspectos a serem avaliados relacionam-se às competências que devem ter sido desenvolvidas durante os anos de escolaridade. Nessa redação, você deve defender uma **tese** – uma opinião a respeito do **tema** proposto –, apoiada em **argumentos** consistentes, estruturados com coerência e coesão, formando uma unidade textual. Seu texto deve ser redigido de acordo com a modalidade escrita formal da língua portuguesa. Você também deve elaborar uma **proposta de intervenção social para o problema apresentado no desenvolvimento do texto**. Essa proposta deve respeitar os Direitos Humanos.

TEMA
↓
TESE
↓
ARGUMENTOS
↓
PROPOSTA DE INTERVENÇÃO

Fonte: Inep (2020, p. 7).

Como é a prova de redação no Enem

Se você leu o texto de abertura deste capítulo, pode ter imaginado que ele é uma espécie de resumo do capítulo anterior, #sqn! Na verdade, o texto de abertura deste capítulo faz parte da *Cartilha do participante* do Enem (INEP, 2020), na qual você obtém muitas informações úteis para elaborar sua redação.

A banca do Exame Nacional do Ensino Médio (Enem) solicita uma redação do gênero dissertativo-argumentativo, sem quantidade definida de parágrafos, em até 30 linhas, sobre um tema definido por ela. Nesse texto, o candidato dever apresentar sua opinião em todos os parágrafos, para ser coerente com o gênero solicitado.

Portanto, a prova de redação do Enem apresenta algumas características, alguns componentes que você, vestibulando, vestibulanda, não pode desprezar nem se esquecer de colocar em seu texto. Na *Cartilha do participante*, pode-se verificar o que a banca corretora gostaria de ver em seu texto, assim como quais são os elementos dispensáveis, ou seja, que não precisam aparecer, como o título da sua redação.

Para pensar

A cada ano, o Inep disponibiliza gratuitamente, pela internet, a *Cartilha do participante* do Enem. Com uma rápida busca no Google, você encontra o *link* para download no site oficial do governo. Aproveite!

Os temas que já caíram

Desde 1998, o Exame Nacional do Ensino Médio (Enem) solicita uma produção textual para os candidatos. Os temas dividem-se, basicamente, em quatro ordens:

- social;
- científica;
- cultural; e
- política.

O Instituto Nacional de Estudos e Pesquisas Educacionais Anísio Teixeira (Inep), órgão do governo que organiza a prova, aplica pelo menos duas provas do Enem por ano, as quais são denominadas 1ª e 2ª aplicação. Uma dessas provas é realizada pela população privada de liberdade (PPL). Por isso, é comum haver mais de um tema de redação em alguns anos.

Veja, a seguir, os temas que já foram solicitados pelo Inep.

	Temas de redação do Enem por ano
1998	Viver e aprender
1999	Cidadania e participação social
2000	Direitos da criança e do adolescente: como enfrentar esse desafio nacional?
2001	Desenvolvimento e preservação ambiental: como conciliar os interesses em conflito?
2002	O direito de votar: como fazer dessa conquista um meio para promover as transformações sociais de que o Brasil necessita?

(cont.)

Ano	Tema
2003	A violência na sociedade brasileira: como mudar as regras desse jogo?
2004	Como garantir a liberdade de informação e evitar abusos nos meios de comunicação?
2005	O trabalho infantil na realidade brasileira
2006	O poder de transformação da leitura
2007	O desafio de se conviver com as diferenças
2008	A máquina de chuva da Amazônia
2009	A família contemporânea e o que ela representa para a sociedade
2009	O indivíduo frente à ética nacional
2010	Ajuda humanitária
2010	O trabalho na construção da dignidade humana
2011	Cultura e mudança social
2011	Viver em rede no século XXI: os limites entre o público e o privado
2012	O grupo fortalece o indivíduo?
2012	O movimento imigratório para o Brasil no século XXI
2013	Cooperativismo como alternativa social
2013	Efeitos da implantação da Lei Seca no Brasil
2014	O que o fenômeno social dos "rolezinhos" representa?
2014	Publicidade infantil em questão no Brasil
2015	O histórico desafio de se valorizar o professor
2015	A persistência da violência contra a mulher no Brasil
2016	Alternativas para a diminuição do desperdício de alimentos no Brasil
2016	Caminhos para combater a intolerância religiosa no Brasil
2016	Caminhos para combater o racismo no Brasil

(cont.)

2017	Consequências da busca por padrões de beleza idealizados
2017	Desafios para a formação educacional de surdos no Brasil
2018	Formas de organização da sociedade para o enfrentamento de problemas econômicos no Brasil
2018	Manipulação do comportamento do usuário pelo controle de dados na internet
2019	Combate ao uso indiscriminado das tecnologias digitais de informação para crianças
2019	Democratização do acesso ao cinema no Brasil
2020	O estigma associado às doenças mentais na sociedade brasileira
2020	O desafio de reduzir as desigualdades entre as regiões do Brasil
2020	A falta de empatia nas relações sociais no Brasil
2021	Invisibilidade e registro civil: garantia de acesso à cidadania no Brasil
2021	Reconhecimento da contribuição das mulheres nas ciências da saúde no Brasil
2022	Desafios para a valorização de comunidades e povos tradicionais no Brasil
2022	Medidas para o enfrentamento da recorrência da insegurança alimentar no Brasil

É muito importante o candidato conhecer os temas de redação que já foram solicitados no Enem. Isso porque as propostas seguem um padrão de apresentação, com três ou quatro textos de coletânea, um estímulo visual entre os textos e um enunciado que apresenta as solicitações da banca para aquele tema. Além disso, o aluno pode analisar cada uma das propostas, discuti-las com seus colegas, observar como a banca reuniu a coletânea e conhecer as fontes de consulta em que o Inep mais confia para pesquisar os temas da redação.

Critérios de correção

A banca de corretores das redações do Enem segue uma grade de correção composta por cinco competências. Cada uma das competências vale 200 pontos, totalizando 1.000 pontos. Assim, a redação é a área que vale mais pontos no Enem.

Em cada competência, a banca subdivide os 200 pontos em seis níveis de desempenho, de acordo com as características apresentadas no texto do candidato. Esses níveis recebem as seguintes pontuações: 0, 40, 80, 120, 160 ou 200.

As competências são assim divididas:

Competência 1	Demonstrar domínio da modalidade escrita formal da língua portuguesa.
Competência 2	Compreender a proposta de redação e aplicar conceitos das várias áreas de conhecimento para desenvolver o tema, dentro dos limites estruturais do texto dissertativo-argumentativo em prosa.
Competência 3	Selecionar, relacionar, organizar e interpretar informações, fatos, opiniões e argumentos em defesa de um ponto de vista.
Competência 4	Demonstrar conhecimento dos mecanismos linguísticos necessários para a construção de argumentação.
Competência 5	Elaborar proposta de intervenção para o problema abordado, respeitando os direitos humanos.

Fonte: adaptado de Inep (2020, p. 8).

A cartilha de redação

Já falamos sobre essa publicação do Inep (2020) que auxilia os estudantes na produção de texto solicitada na prova. Desde 2013, ano a ano, a *Cartilha do participante* traz informações importantes, como critérios de correção, elementos fundamentais na elaboração da redação e análise de textos que atingiram nota máxima em anos anteriores.

Para obtê-la, basta entrar no site do Ministério da Educação (MEC), na página do Inep, e fazer o download.

Fonte: Inep (2022).

Análise de redação nota 1.000

Na *Cartilha do participante* de 2018, o Inep apresentou algumas redações que conquistaram a nota máxima no Enem de 2017, cujo tema foi "Desafios para a formação educacional de surdos no Brasil". Vamos ler um desses textos, de autoria de Lorena Magalhães de Macedo:

> No convívio social brasileiro, parte considerável da população apresenta alguma deficiência. Nessa conjuntura, grande parcela dos surdos, em especial, não tem acesso a uma educação de qualidade, o que fomenta maior empenho do Poder Público e da sociedade civil, com o fito de superar os desafios para a efetiva inclusão desses indivíduos no sistema educacional.
>
> Sob esse viés, muitos deficientes auditivos encontram dificuldades para acessar o Ensino Fundamental, Médio ou Superior, visto que diversas instituições de ensino carecem de uma infraestrutura adaptada a esses indivíduos, como intérpretes da Libras durante as aulas. Tal panorama representa a violação da Constituição Federal de 1988 e do Estado da Pessoa com Deficiência, os quais são mecanismos jurídicos que asseguram o acesso à educação como um direito de todos os deficientes. Isso atesta a ineficiência governamental em cumprir prerrogativas legais que garantem a efetiva inclusão dos surdos na educação.
>
> Ademais, em muitas instituições de ensino, deficientes auditivos ainda são vítimas de xingamentos e até de agressões físicas por parte de outros alunos, ações que caracterizam o bullying. Nesse contexto, o filósofo iluminista Voltaire afirmava: "Preconceito é opinião sem conhecimento". Tal máxima, mesmo séculos depois, comprova que atos intolerantes

são, em geral, consequências de uma formação moral deturpada, a qual não privilegiou princípios, por exemplo, a tolerância e o respeito às diferenças como essenciais para a convivência harmônica em uma sociedade tão heterogênea. Desse modo, verifica-se a ineficácia de famílias e escolas em desestimular, rigorosamente, qualquer ação de caráter discriminatório contra surdos.

Portanto, a fim de garantir que surdos tenham pleno acesso à formação educacional, cabe ao Estado, mediante o redirecionamento de verbas, realizar as adaptações necessárias em todas as escolas e as universidades públicas, como o oferecimento de cursos gratuitos que capacitem profissionais da educação para se comunicarem em Libras e a contratação de mais intérpretes da Libras para atuarem nessas instituições. Outrossim, famílias e escolas, por meio de, respectivamente, diálogos frequentes e palestras, devem debater acerca da aceitação às diferenças como fator essencial para o convívio coletivo, de modo a combater o bullying e a formar um paradigma comportamental de total respeito aos deficientes auditivos. (INEP, 2018, p. 35)

Comentário da banca do Enem

Agora, vamos conferir o comentário sobre a redação da estudante feito pela banca do Enem:

> A participante demonstra excelente domínio da modalidade escrita formal da língua portuguesa, uma vez que a estrutura sintática é excelente e não se verificam desvios de qualquer natureza.

Em relação aos princípios da estruturação do texto dissertativo-argumentativo, percebe-se que a participante apresenta uma tese, o desenvolvimento de argumentos que comprovam essa tese e uma conclusão que encerra a discussão, ou seja, apresenta excelente domínio do texto dissertativo-argumentativo.

Além disso, o tema é abordado de forma completa: já no primeiro parágrafo, apresenta-se a problemática da falta de acesso dos surdos à educação de qualidade e aponta-se para a necessidade de ações por parte do poder público e da sociedade civil.

Para desenvolver as ideias selecionadas, a participante faz uso produtivo de repertório sociocultural pertinente ao tema ao apoiar-se no pensamento de Voltaire para validar o argumento de que a falta de valorização das diferenças e da tolerância é uma das causas da violência enfrentada pelos surdos em ambiente escolar.

Podemos perceber, ao longo da redação, a presença de um projeto de texto estratégico, que se configura na organização e no desenvolvimento da redação. A participante apresenta informações, fatos e opiniões relacionados ao tema proposto, de forma consistente e organizada, para defender seu ponto de vista de que se fazem necessárias ações do poder público e da sociedade para solucionar os problemas que afastam o surdo do ambiente escolar (falta de infraestrutura e violência).

Em relação à coesão, nota-se um repertório diversificado de recursos coesivos, sem inadequações. Há articulação tanto entre os parágrafos quanto entre as ideias dentro de um mesmo parágrafo (1º parágrafo: "nessa conjuntura", "desses indivíduos"; 2º parágrafo: "sob esse viés", "visto que"; 3º parágrafo: "ademais", "tal máxima"; 4º parágrafo: "portanto", "outrossim").

Por fim, a participante elabora excelente proposta de intervenção: concreta, detalhada e que respeita os direitos humanos. Assim como apontado já na introdução do texto, as ações interventivas devem ser realizadas tanto pelo poder público – maior investimento nas escolas e na capacitação de professores – quanto pela sociedade – diálogos frequentes. (INEP, 2018)

Produção textual 1

Agora, chegou a hora de praticar!

Proposta de redação

Com base na leitura dos textos motivadores seguintes e nos conhecimentos construídos ao longo de sua formação, redija um texto dissertativo-argumentativo em norma-padrão da língua portuguesa sobre o tema "População de rua no Brasil: como resolver essa questão com dignidade?", apresentando proposta de conscientização social que respeite os direitos humanos. Selecione, organize e relacione, de maneira coerente e coesa, argumentos e fatos para defender seu ponto de vista.

Texto I

População em situação de rua cresce e fica mais exposta à Covid-19

Maioria vive em grandes cidades do Sudeste, Nordeste e Sul

A população em situação de rua cresceu 140% a partir de 2012, chegando a quase 222 mil brasileiros em março deste ano, e tende a aumentar com a crise econômica acentuada pela pandemia da Covid-19. Entre as pessoas sem moradia estão desempregados e trabalhadores informais, como guardadores de carros e vendedores ambulantes. Além de atualizar dados sobre esse grupo social, duas pesquisas recém-concluídas pelo Instituto de Pesquisa Econômica

Aplicada (Ipea) alertam: a propagação do novo coronavírus aumenta a vulnerabilidade de quem vive na rua e exige atuação mais intensa do poder público.

O estudo "Estimativa da População em Situação de Rua no Brasil" utilizou dados de 2019 do censo anual do Sistema Único de Assistência Social (Censo Suas), que conta com informações das secretarias municipais, e do Cadastro Único (CadÚnico) do governo federal. A análise constatou que a maioria dos moradores de rua (81,5%) está em municípios com mais de 100 mil habitantes, principalmente das regiões Sudeste (56,2%), Nordeste (17,2%) e Sul (15,1%). "O tamanho do município, bem como seu grau de urbanização e de pobreza, está associado ao número de pessoas morando nas ruas, o que indica a necessidade de políticas públicas adequadas a essas cidades", assinala o sociólogo e pesquisador do Ipea Marco Antônio Natalino, autor do trabalho.

No estudo "População em situação de rua em tempos de pandemia: um levantamento de medidas municipais emergenciais", o Ipea mapeou, por meio dos sites oficiais, as principais medidas de assistência adotadas pelas prefeituras, nas capitais do Nordeste e Sudeste. Entre as 13 capitais dessas regiões, as ações mais reportadas são: abrigamento (12), higiene (9) e alimentação (8). Menos frequentes são ações como centros emergenciais de serviço (2) e atividades específicas de orientação (6) para usuários de álcool e outras drogas, pessoas com transtornos mentais e iniciativas específicas para crianças e adolescentes em situação de rua. (IPEA, 2020)

Texto II

O que é a "situação de rua"?

Pessoas que passam as noites dormindo nas ruas, sob marquises, em praças, embaixo de viadutos e pontes são consideradas pessoas em situação de rua. Além desses espaços, também são utilizados locais degradados, como prédios e casas abandonados e carcaças de veículos, que têm pouca ou nenhuma higiene.

Os "moradores de rua" são um grupo heterogêneo, isto é, pessoas que vêm de diferentes vivências e que estão nessa situação pelas mais variadas razões. Há fatores, porém, que os unem: a falta de uma moradia fixa, de um lugar para dormir temporária ou permanentemente e vínculos familiares que foram interrompidos ou fragilizados.

As características acima foram conceituadas em 2005 pelo Ministério do Desenvolvimento Social como os fatores intrínsecos à condição de rua e constam na Política Nacional para a População em Situação de Rua (Decreto nº 7.053 de 2009), sobre a qual falaremos mais à frente.

Quais fatores levam à situação de rua?

Quando falamos sobre pessoas, sabemos que há particularidades na condição de várias delas e cada uma pode ter tido um motivo particular para viver nas ruas; mas há também questões em comum entre essas pessoas, que são repetidamente vistas em muitos casos.

Uma Pesquisa Nacional sobre a População em Situação de Rua foi realizada pelo Ministério do Desenvolvimento Social entre os anos de 2007 e 2008 com o objetivo de quantificar e qualificar todos esses fatores. Quanto aos motivos que levam as pessoas a morar nas ruas, os maiores são:

alcoolismo e/ou uso de drogas (35,5%), perda de emprego (29,8%) e conflitos familiares (29,1%). Das pessoas entrevistadas, 71,3% citaram ao menos um dos três motivos e muitas vezes os relatos citam motivos que se correlacionam dentro da perda de emprego, uso de drogas e conflitos familiares.

Apesar de não ser muito comum, existem pessoas que escolhem por viver nas ruas, também de acordo com a pesquisa. Embora os principais motivos sejam, por vezes, violências e abusos domésticos ou desentendimentos dentro da família, afirma-se que existe um grau de escolha própria para ir para a rua. A explicação obtida na pesquisa é de que "essa escolha está relacionada a uma noção (ainda que vaga) de liberdade proporcionada pela rua, e acaba sendo um fator fundamental para explicar não apenas a saída de casa, mas também as razões da permanência na rua". (MERELES, 2017).

Texto III

Fonte: Diário de Sorocaba (2016).

Produção textual 2

A proposta a seguir foi adaptada do Enem PPL 2016. Para conferir a proposta original, acesse a prova disponível no site oficial do Inep (INEP, 2016).

Proposta de redação

Com base na leitura dos textos motivadores seguintes e nos conhecimentos construídos ao longo de sua formação, redija um texto dissertativo-argumentativo em modalidade escrita formal da língua portuguesa sobre o tema "Alternativas para a diminuição do desperdício de alimentos no Brasil", apresentando proposta de intervenção que respeite os direitos humanos. Selecione, organize e relacione, de maneira coerente e coesa, argumentos e fatos para defender seu ponto de vista.

Texto I

> Um terço dos alimentos produzidos no mundo é desperdiçado a cada ano – junto com toda a energia, mão de obra, água e produtos químicos envolvidos em sua produção e descarte. O Brasil tem 3,4 milhões de brasileiros que estão em situação de insegurança alimentar, o que representa 1,7% da população. Segundo relatório da FAO (Organização das Nações Unidas para a Alimentação e a Agricultura), de 2013, 805 milhões de pessoas, ou seja, 1 em cada 9 sofre de fome no mundo. (BANCO DE ALIMENTOS *apud* INEP, 2016, p. 18)

Texto II

O desperdício de alimentos no Brasil chega a 40 mil toneladas por dia, segundo pesquisa da Empresa Brasileira de Pesquisa Agropecuária (Embrapa). Anualmente, a quantia acumulada é suficiente para alimentar cerca de 19 milhões de pessoas diariamente. (REDE BRASIL ATUAL *apud* INEP, 2016, p. 18)

Texto III

O desperdício de alimentos nas sociedades ricas resulta de uma combinação entre o comportamento do consumidor e a falta de comunicação ao longo da cadeia de abastecimento. Os consumidores não conseguem planejar suas compras de forma eficaz e, por isso, compram em excesso ou exageram no cumprimento das datas de validade dos produtos. Por outro lado, os padrões estéticos e de qualidade levam os distribuidores a rejeitar grandes quantidades de alimentos perfeitamente comestíveis. Nos países em desenvolvimento, as grandes perdas pós-colheita, ainda na fase inicial da cadeia alimentar, são o principal problema. (ONU VERDE ORG *apud* INEP, 2016, p. 18)

Referências

DIÁRIO DE SOROCABA. Charge do dia. **Diário de Sorocaba**, 30 abr. 2016. Disponível em: https://www.diariodesorocaba.com.br/noticia/246550. Acesso em: 8 abr. 2021.

INSTITUTO DE PESQUISA ECONÔMICA APLICADA (IPEA). População em situação de rua cresce e fica mais exposta à covid-19. **Ipea**, 12 jun. 2020. Disponível em: https://www.ipea.gov.br/portal/index.php?option=com_content&view=article&id=35811. Acesso em: 8 abr. 2021.

INSTITUTO NACIONAL DE ESTUDOS E PESQUISAS EDUCACIONAIS ANÍSIO TEIXEIRA (INEP). **A redação do Enem 2018**: cartilha do participante. Brasília, DF: Ministério da Educação; Inep, 2018. Disponível em: https://download.inep.gov.br/educacao_basica/enem/guia_participante/2018/manual_de_redacao_do_enem_2018.pdf. Acesso em: 8 abr. 2021.

INSTITUTO NACIONAL DE ESTUDOS E PESQUISAS EDUCACIONAIS ANÍSIO TEIXEIRA (INEP). **A redação do Enem 2020**: cartilha do participante. Brasília, DF: Ministério da Educação; Inep, 2020. Disponível em: https://download.inep.gov.br/publicacoes/institucionais/avaliacoes_e_exames_da_educacao_basica/a_redacao_do_enem_2020_-_cartilha_do_participante.pdf. Acesso em: 8 abr. 2021.

INSTITUTO NACIONAL DE ESTUDOS E PESQUISAS EDUCACIONAIS ANÍSIO TEIXEIRA (INEP). **A redação do Enem 2022**: cartilha do participante. Brasília, DF: Ministério da Educação; Inep, 2022. Disponível em: https://download.inep.gov.br/download/enem/cartilha_do_participante_enem_2022.pdf. Acesso em: 13 fev. 2023.

INSTITUTO NACIONAL DE ESTUDOS E PESQUISAS EDUCACIONAIS ANÍSIO TEIXEIRA (INEP). **Exame Nacional do Ensino Médio 2016**. LC – 2º dia | Caderno 15 – Cinza. 2016. Brasília, DF: Ministério da Educação; Inep, 2016. Disponível em: https://download.inep.gov.br/educacao_basica/enem/ppl/2016/prova_caderno_cinza_15_2016.pdf. Acesso em: 8 abr. 2021.

MERELES, Carla. Pessoas em situação de rua: a complexidade da vida nas ruas. **Politize!**, 22 set. 2017. Disponível em: https://www.politize.com.br/pessoas-em-situacao-de-rua/. Acesso em: 8 abr. 2021.

Frase, oração, período –
as pequenas grandes partes do texto

03.

Introdução

É atribuído ao líder dos direitos civis Martin Luther King Jr. (1929-1968) o pensamento: "Suba o primeiro degrau com fé. Não é necessário que você veja toda a escada. Apenas dê o primeiro passo". Para elaborar o seu texto, a sua redação, temos de partir de um primeiro movimento mental, que é pensar nas ideias que queremos desenvolver. Ou seja, temos de dar o primeiro passo.

Os passos seguintes são transformar as ideias em palavras, organizar as palavras para formar as frases, organizar as orações e depois organizar os períodos. Assim, vamos compondo nosso texto, passo a passo, palavra a palavra, pouquinho a pouquinho.

Por isso, é importante conhecer as microestruturas textuais para poder desenvolver a redação de modo mais competente, observando as relações entre os elementos do texto, como cada um se une ao outro para o bem maior do texto.

Em vista disso, o que é frase? O que é oração? O que é período?

Frase, oração e período

Frase

Enunciado de sentido completo.

- Pode ter verbo.
- Pode ter só uma palavra.
- Pode terminar com ponto final, exclamação, interrogação ou reticências.

Exemplos:

1. Silêncio!
2. Não se machuque...
3. Você gostaria de me namorar?

Oração

Enunciado que se organiza em torno de um verbo.

- Pode ter uma locução verbal.
- Pode ter sentido completo ou não.

Exemplos:

1. Fomos ao shopping.
2. Com isso, iremos traçar novas rotas e elaborar novos planos.
3. Os estudantes precisam se organizar, pois os vestibulares estão chegando.

Período

Conjunto de orações.

- Pode ser simples (com apenas uma oração).
- Pode ser composto (com mais de uma oração).

Exemplos:

1. Fomos ao shopping, encontrar com amigos.
2. Você vai ouvir a minha declaração de amor.

Tópico frasal

Tópico frasal é o período que introduz a ideia central a ser desenvolvida em um parágrafo. É uma técnica muito utilizada nas redações nota 1.000 do Enem, porque confere concisão e clareza ao parágrafo, melhorando a compreensão do texto.

Veja o exemplo a seguir:

"O tópico frasal é uma eficiente e prática maneira de estruturar o parágrafo. Isso acontece pois, já de início, expõe-se a ideia que se deseja transmitir, a qual é comprovada e reforçada pelos períodos subsequentes. Por isso, muitos jornalistas e escritores utilizam esse recurso em busca de clareza e de organização textual."

Perceba, no exemplo, como o início do parágrafo com um tópico frasal ("O tópico frasal é uma eficiente e prática maneira de estruturar o parágrafo") traz clareza à exposição da opinião de quem escreve e apresenta o que será desenvolvido na sequência.

Em 2012, o Exame Nacional do Ensino Médio (Enem) solicitou aos candidatos que escrevessem sobre o tema: "O movimento imigratório para o Brasil no século XXI". Na cartilha de redação do ano seguinte, o Inep (2013) apresentou algumas redações nota 1.000 que continham alguns tópicos frasais. Confira-os, em destaque, nos excertos a seguir.

Texto I

Durante, principalmente, a década de 1980, o Brasil mostrou-se um país de emigração. Na chamada década perdida, inúmeros brasileiros deixaram o país em busca de melhores condições de vida. No século XXI, um fenômeno inverso é evidente: a chegada ao Brasil de grandes contingentes imigratórios, com indivíduos de países subdesenvolvidos latino-americanos. No entanto, as condições precárias de vida dessas pessoas são desafios ao governo e à sociedade brasileira para a plena adaptação de todos os cidadãos à nova realidade.

A ascensão do Brasil ao posto de uma das dez maiores economias do mundo é um importante fator atrativo aos estrangeiros. Embora o crescimento do PIB (Produto Interno Bruto) nacional, segundo previsões, seja menor em 2012 em relação a anos anteriores, o país mostra um verdadeiro aquecimento nos setores econômicos, representado, por exemplo, pelo aumento do poder de consumo da classe C. (INEP, 2013, p. 28)

Texto II

Como se não bastasse, a economia brasileira também tem sofrido com a chegada dos migrantes. Existem, entre eles, tanto trabalhadores desqualificados como profissionais graduados. O problema reside na pouca oferta de emprego a eles destinada. Visto que não recebem oportunidades, passam a integrar setores informais da economia, sem direitos trabalhistas e com ausência de pagamento dos devidos impostos. O Estado, dessa forma, deixa de arrecadar capital e de aproveitar a mão de obra disponível, o que auxiliaria no andamento da economia nacional. (INEP, 2013, p. 30)

Texto III

Desde o Brasil Colônia, a imigração para o Brasil é expressiva. Foi preciso povoar o território para garantir o controle da região e, além disso, escravos foram trazidos da África para satisfazer as necessidades econômicas das lavouras. Mais tarde, já no Brasil Império, com a abolição da escravatura, imigrantes europeus encheram os portos brasileiros para substituir a mão de obra e embranquecer a população. No Brasil República, a abertura para o capital estrangeiro trouxe multinacionais para o país. Neste século XXI, as causas da imigração são outras e decorrem dos avanços do país.

Como país emergente na economia mundial, o Brasil atrai atenções de diversos setores, como moda e tecnologia. A crise que a Europa e os Estados Unidos vivenciam hoje atrai ainda mais imigrantes, confiantes na estabilidade econômica e chances de progresso. Até os brasileiros que saíram do país em busca de melhores condições estão retornando por acreditarem no potencial brasileiro. Por isso, é preciso aproveitar o momento oportuno, que traz vantagens econômicas e trocas culturais. Como mostra o passado, os imigrantes podem favorecer o desenvolvimento e o futuro promete ainda mais pessoas vindo para o Brasil. (INEP, 2013, p. 34)

O desenvolvimento do parágrafo

Muitas pessoas afirmam não conseguir desenvolver suas ideias no parágrafo, ou seja, dizem que têm as ideias, mas não são capazes de colocá-las no papel. Um jeito prático de apresentar um pensamento em uma redação é, como vimos, começar pelo tópico frasal – que geralmente é uma afirmação – e, em seguida, continuar imaginando uma pergunta a ser respondida.

Por exemplo, considere o seguinte tópico frasal: "Em primeira análise, o uso de agrotóxicos é prejudicial à saúde da população".

- E? O que mais?
- Por que é prejudicial?
- Em razão do quê?
- Isso ocorre por quê?
- Quais são as consequências?
- Qual análise pode ser feita?

Ao responder a essas perguntas – e há muitas outras! –, você conseguirá desenvolver o seu parágrafo, pois estará desenvolvendo as suas ideias, estimulado por questionamentos. No entanto, não se esqueça que você precisa ter uma linha de raciocínio clara e objetiva para que o seu parágrafo não se transforme em um conjunto de períodos "colados".

Então, na verdade, as primeiras perguntas que você deve fazer a si mesmo é:

- O que eu quero dizer neste parágrafo?
- Qual mensagem eu quero transmitir para o leitor?
- Como eu posso organizar minhas ideias da maneira mais clara possível?

Procure treinar a sua escrita, o seu jeito de fazer o texto. A prática é fundamental para o progresso da sua redação na busca pela nota máxima. Lembre-se da mensagem no início deste capítulo: é passo a passo.

Produção textual 1

Agora, chegou a hora de praticar!

Proposta de redação

Com base na leitura dos textos motivadores e nos conhecimentos construídos ao longo de sua formação, redija um texto dissertativo-argumentativo em modalidade escrita formal da língua portuguesa sobre o tema "Tráfico de animais no Brasil: como proteger a fauna silvestre?", apresentando proposta de intervenção que respeite os direitos humanos. Selecione, organize e relacione, de maneira coerente e coesa, argumentos e fatos para defender seu ponto de vista.

Texto I

Fonte: Lima (2014).

Texto II

Segundo dados coletados por Ecoa com o Ibama, o número de apreensões de animais silvestres sofreu uma queda em 2019 se comparado a anos anteriores. Foram registradas em 2017 um total de 1.224; 1.402 em 2018 e 1.121 no ano passado. Fatores como capturas de animais em cativeiros, caça ou venda ilegal, por exemplo, somam-se para gerar a quantidade final contabilizada pelo órgão federal. Porém, obviamente, só é possível computar o que foi apreendido. Os dados de órgãos oficiais de fiscalização, então, não conseguem traduzir o volume real do tráfico de animais silvestres.

"Os números de resgates da fauna silvestre no Brasil não chegam nem a meio por cento do que de fato é comercializado ilegalmente", afirma Dener Giovanini, coordenador-geral da Renctas. Coletando informações de batalhões de Polícia Florestal, do Ministério Público Federal, Polícia Federal, Ibama, de ONGs brasileiras e internacionais, universidades e centros de pesquisa, a Renctas lançou em 2001 o Relatório Nacional sobre o Tráfico de Fauna Silvestre, trazendo uma estimativa do que possivelmente ocorre no escuro do tráfico. A grande dificuldade de acesso a números consolidados passa também justamente por essa quantidade de instituições responsáveis por fiscalização. (RODRIGUES, 2020)

Texto III

Apesar de a retirada de espécimes da natureza acontecer desde a colonização, a regulamentação que tenta controlar o comércio de animais só surgiu em 1967, por meio da Lei de Proteção à Fauna, de n. 5197. Passou a ser proibido caçar, capturar, comercializar e criar qualquer bicho da fauna silvestre sem autorização do Estado. Essa lei tornou todos os animais presentes na natureza um bem do Estado brasileiro.

Quem for pego em infração pode pagar uma multa de R$ 500, se o animal não estiver em extinção, ou R$ 5 mil, caso esteja. Segundo dados do Ibama, os estados com maior número de multas aplicadas por apreensão são: Rio Grande do Sul, Minas Gerais, Espírito Santo, São Paulo e Rio de Janeiro. (RODRIGUES, 2020)

Texto IV

O que é um animal silvestre?

Animal silvestre não é o doméstico. O doméstico já está acostumado a viver perto das pessoas, como os gatos, cachorros, galinhas e porcos, entre outros. Já o animal silvestre foi tirado da natureza e reage à presença do ser humano. Por essa razão, tem dificuldades para crescer e se reproduzir em cativeiro. O papagaio, a arara, o mico e o jabuti, ao contrário do que muitos pensam, são animais silvestres.

O que é o tráfico de animais silvestres?

Tráfico é o comércio ilegal. Traficar animais significa capturá-los na natureza, prendê-los e vendê-los com o objetivo de ganhar dinheiro. Se participamos disso, estamos contribuindo para o tráfico de animais. Acredita-se que o comércio ilegal de animais movimente cerca de 10 bilhões de dólares por ano em todo o mundo. Só o tráfico de drogas e armas é maior.

Você sabia que os traficantes mutilam os animais?

Alguns traficantes costumam rodar os micos pelo rabo para que eles fiquem tontos e passem ao comprador a imagem de que são animais mansos. Muitos cegam os pássaros e cortam as suas asas para que eles não fujam e arrancam os dentes e serram as garras dos animais para que eles se tornem menos perigosos.

Por que comprar bichos é ilegal?

Ter animais silvestres como bichos de estimação é ilegal conforme a Lei de Crimes Ambientais, nº 9.605/98. Ela proíbe a utilização, perseguição, destruição e caça de animais silvestres e prevê pena de prisão de seis meses a um ano, além de multa para quem a desrespeitar.

Quais são os problemas para os animais que são criados em casa?

Ele pode perder a sua identidade. Pode sofrer de solidão e ter dificuldades para se reproduzir. Também sofre porque fica em espaço físico reduzido, come alimentos inapropriados e pode pegar doenças que nos seres humanos têm pouca gravidade (gripe, herpes etc.), mas que podem ser fatais para os animais. (WWF, [s. d.])

Texto V

É difícil calcular o tamanho do mercado ilegal de compra e venda de animais silvestres já que a regra da clandestinidade é justamente operar fora das vistas da sociedade – e do rigor da lei. No epicentro deste mercado mundial está a Amazônia e, consequentemente, o Brasil. As estimativas apontam que anualmente cerca de 38 milhões de animais são afetados pela caça e comércio ilegal no pais. Uma análise aponta que os animais mais traficados na região são as tartarugas e os peixes ornamentais.

Os dados são do relatório que analisou o tráfico de animais silvestres no Brasil entre 2012 e 2019. O levantamento foi produzido pela Agência dos Estados Unidos para o Desenvolvimento Internacional (USAID), em conjunto com as ONGs internacionais Traffic e União Internacional para Conservação da Natureza (IUCN), e divulgado na última semana.

[...]

O relatório aponta que, em volume e número, o maior comércio ilegal de animais silvestres na Amazônia brasileira é o contrabando de ovos de tartarugas. Além disso, o documento aponta o aumento significativo na exportação do pirarucu (*Arapaima gigas*), o segundo maior peixe de água doce do mundo, nativo da bacia amazônica. O peixe é visado tanto pela sua carne quanto para o mercado de peixes ornamentais, assim como pelo seu couro e suas escamas, e abastece principalmente os países asiáticos e os Estados Unidos. Além do mercado internacional, o tráfico na Amazônia abastece majoritariamente o sudeste do país.

O relatório também se propôs a analisar a compra e venda ilegal de aves, em especial entre as regiões Nordeste e Sudeste do Brasil. De acordo com o levantamento, 400 espécies, o que corresponde a 20% das aves nativas do Brasil, são impactadas pelo tráfico. Apenas em São Paulo, cerca de 4.200 pássaros são recebidos anualmente no Centro de Recuperação de Animais Silvestres (CRAS/PET), entre eles espécies ameaçadas de extinção (12%). (MENEGASSI, 2020)

Produção textual 2

A proposta a seguir foi adaptada do Enem PPL 2019. Para conferir a proposta original, acesse a prova disponível no site oficial do Inep (2019).

Proposta de redação

Com base na leitura dos textos motivadores e nos conhecimentos construídos ao longo de sua formação, redija um texto dissertativo-argumentativo em modalidade escrita formal da língua portuguesa sobre o tema "Combate ao uso indiscriminado das tecnologias digitais de informação por crianças", apresentando proposta de intervenção que respeite os direitos humanos. Selecione, organize e relacione, de maneira coerente e coesa, argumentos e fatos para defender seu ponto de vista.

Texto I

Os impactos negativos do exagero da tecnologia não ficam restritos aos aspectos comportamentais e emocionais. Há também a ameaça do sedentarismo. Uma pesquisa da Universidade Estadual de Campinas (Unicamp) avaliou os hábitos de 21 voluntários com idade entre 8 e 12 anos e constatou que 14 deles não praticavam nenhuma atividade física. Na sala de aula a história também desanda. "A luz emitida pelo visor reduz a produção de melatonina, hormônio indutor do sono", observa uma das pesquisadoras responsáveis. Sem a substância, fica difícil adormecer e há maior risco de despertar na madrugada. "O sono de má qualidade interfere na concretização das memórias e do aprendizado do dia", aponta uma neuropediatra. (REVISTA SAÚDE *apud* INEP, 2019, p. 20)

Texto II

Riscos e benefícios das novas tecnologias para crianças

Segundo a Academia Americana de Pediatria (AAP), há claras evidências de que as mídias digitais contribuem substancialmente para diferentes problemas de saúde, como a obesidade e comportamentos agressivos e/ou alienados. Por outro lado, a AAP reconhece os benefícios da tecnologia na aprendizagem e nos relacionamentos sociais, a partir da interatividade possibilitada pelos diferentes dispositivos de mídia digital.

As novas tecnologias de comunicação alteraram a forma de acesso e armazenamento da memória, pois, através de imagens, sons e movimentos apresentados nos dispositivos eletrônicos de comunicação é possível fixar conteúdos, armazenar sentimentos, aprendizagens e lembranças que não necessariamente foram vivenciadas presencialmente pelos espectadores. As mídias digitais propiciam experiências culturais através de interações diversificadas, permitindo às crianças apropriarem-se do conteúdo e da comunicação baseados em suas necessidades, motivações e interesse. (BLOG SMP *apud* INEP, 2019, p. 20)

Referências

INSTITUTO NACIONAL DE ESTUDOS E PESQUISAS EDUCACIONAIS ANÍSIO TEIXEIRA (INEP). **A redação no Enem 2013**: guia do participante. Brasília, DF: Ministério da Educação; Inep, 2013. Disponível em: https://download.inep.gov.br/educacao_basica/enem/guia_participante/2013/guia_participante_redacao_enem_2013.pdf. Acesso em: 9 abr. 2021.

INSTITUTO NACIONAL DE ESTUDOS E PESQUISAS EDUCACIONAIS ANÍSIO TEIXEIRA (INEP). **Exame Nacional do Ensino Médio**. LC – 1º dia | Caderno 1 – Azul. Brasília, DF: Ministério da Educação; Inep, 2019. Disponível em: https://download.inep.gov.br/educacao_basica/enem/ppl/2019/provas/BAIXA_PPL_1_DIA_CADERNO_1_AZUL.pdf. Acesso em: 8 abr. 2021.

LIMA, Lorene. Tráfico de animais contribui para extinção de espécies. **ICMBio**, 15 jul. 2014. Disponível em: https://www.icmbio.gov.br/portal/ultimas-noticias/4905-trafico-de-animais-contribui-para-extincao-de-especies. Acesso em: 9 abr. 2021.

MENEGASSI, Duda. Relatório aponta Amazônia como epicentro do tráfico de animais silvestres no Brasil. **((o))eco**, 3 ago. 2020. Disponível em: https://www.oeco.org.br/reportagens/relatorio-aponta-amazonia-como-epicentro-do-trafico-de-animais-silvestres-no-brasil/. Acesso em: 9 abr. 2021.

RODRIGUES, Paula. A máfia dos bichos. **Ecoa – UOL**, 11 maio 2020. Disponível em: https://www.uol.com.br/ecoa/reportagens-especiais/trafico-no-brasil-tira-por-ano-35-milhoes-de-animais-da-floresta-e-gira-r-3-bilhoes/#cover. Acesso em: 9 abr. 2021.

WWF. O que é um animal silvestre? **WWF**, [s. d.]. Disponível em: https://www.wwf.org.br/natureza_brasileira/questoes_ambientais/animais_silvestres/?gclid=CjwKCAiA_Kz-BRAJEiwAhJNY7OAIArZ6DXLiJPsOdgTMnQoWjH1HKsC_PdmAeNzqy2L6MkeA6cjQyxoCcrwQAvD_BwE. Acesso em: 9 abr. 2021.

A introdução – começando bem o texto

04.

Introdução

Talvez você já tenha produzido alguma redação com os temas apresentados nos capítulos anteriores. Mas talvez ainda não, porque está com a seguinte pergunta na cabeça:

Essa pergunta é bem comum entre os estudantes, e vamos tentar respondê-la de uma maneira bem racional. Se você já entendeu que o texto só se materializa quando temos as ideias, as palavras e as frases em nossa mente, também já entendeu que, a partir de um tema apresentado, temos de elaborar o planejamento da nossa redação.

Então, o passo a passo para chegar à introdução do seu texto pode ser:

1. Ler atentamente a proposta para entender o tema e as instruções que a banca oferece. Lembrando que tema é aquilo sobre o que a banca gostaria que você escrevesse. Ele vem dentro de uma proposta, geralmente junto aos textos de uma coletânea.

2. Escrever no papel todas as referências que você tem sobre aquele tema. Esse processo chama-se *brainstorm*, ou seja, é uma espécie de "tempestade cerebral". Você escreve o que vier à sua mente referente ao tema da redação. Isso serve para você se lembrar do repertório sociocultural que adquiriu ao longo de sua vida.

3. Quando tiver as ideias, pense em como você gostaria de organizá-las, lembrando que o texto é dissertativo-argumentativo e, portanto, precisa ter uma tese. O próprio Inep define o que é tese: uma opinião a respeito do tema proposto, também chamada de "ponto de vista"; ou seja, é a ideia que você vai defender no seu texto. Ela deve estar relacionada ao tema e apoiada em argumentos ao longo da redação.

4. Organize suas ideias, distribuindo-as nos parágrafos do texto. Esse será o seu projeto de texto. Ele é sua primeira estratégia para montar a redação. Quais ideias você quer mostrar para a banca? Em qual ordem elas vão entrar? Como vão ser estruturados os seus parágrafos?

5. Comece a rascunhar o seu parágrafo de introdução.

E aí? Vamos começar o nosso texto? Sem medo de errar, hein?

Por que a introdução é importante?

Um texto dissertativo em um exame ou em um vestibular apresenta alguns "cartões de visita" para a banca examinadora. Quando o texto é manuscrito, o primeiro cartão de visita é o capricho na letra, o trato com o passar a limpo, a limpeza da folha, sem borrões ou marcas de sujeira.

O segundo cartão, quando é possível fazê-lo ou quando a banca o solicita, é o título do texto. Ele pode "impulsionar" o examinador para dentro da sua redação, das suas ideias, despertando uma curiosidade que deve ser saciada na leitura de seu texto. Contudo, no Enem, o título não é obrigatório.

O terceiro cartão de visita é o parágrafo de introdução. São aquelas linhas iniciais que demonstram ao leitor que o texto pode estar bem redigido, que a candidata ou o candidato tem condições de receber uma boa pontuação.

No que se refere ao parágrafo de introdução, vale o pensamento popular que diz:

◆ ◆ ◆

Você não terá uma segunda chance de causar uma boa primeira impressão!

◆ ◆ ◆

Então, não desperdice a chance de impressionar a banca e faça uma introdução poderosa. Para isso, treine bastante, escreva sempre.

Tipos de introdução

Existem várias formas de iniciar um texto dissertativo-argumentativo, que, como já sabemos, é o gênero solicitado na grande maioria dos vestibulares no Brasil e também no Enem. Antes de começar a sua redação, recomendamos que você se concentre na sua tese.

Como sugestão, você pode organizar a sua introdução empregando algum desses elementos:

- contexto histórico;
- enumeração;
- apresentação de fato;
- definição;
- citação;
- conceituação;
- fato exemplificado;
- comparação;
- dados numéricos;
- narrativa.

A seguir, vamos apresentar introduções de redações nota máxima no Enem que utilizaram alguns desses elementos. Os textos, na íntegra, constam na publicação *A redação no Enem 2016: cartilha do participante*, produzida pelo Inep (2016a).

Contexto histórico

Tema do ano de 2013: Efeitos da implantação da Lei Seca no Brasil
Redação de: Sarah Christyan de Luna Melo

> Com a ascensão de Juscelino Kubitschek ao poder, a política de abertura da economia brasileira entrou em ação mais vigorosamente do que em qualquer outro episódio da história do Brasil. Nesse cenário, a entrada de automóveis no Brasil como produtos de consumo foi cada vez maior. No entanto, o governo não tomou como prioridade a fiscalização das estradas do país e uma prática nociva tornou-se comum: beber e dirigir. Recentemente, o governo implantou a Lei Seca, visando diminuir os efeitos dessa prática. Nesse contexto, cabe analisar os aspectos positivos da aplicação dessa Lei, e como ela pode ser melhorada. (INEP, 2016a, p. 31)

Enumeração

Tema do ano de 2013: Efeitos da implantação da Lei Seca no Brasil
Redação de: Paulo Henrique Caban Stern Matta

> Historicamente causadores de inúmeras vítimas, os acidentes de trânsito vêm ocorrendo com frequência cada vez menor, no Brasil. Essa redução se deve, principalmente, à implantação da Lei Seca ao longo de todo o território nacional, diminuindo a quantidade de motoristas que dirigem após terem ingerido bebida alcoólica. A maior fiscalização, aliada à imposição de rígidos limites e à conscientização da população, permitiu que tal alteração fosse possível. (INEP, 2016a, p. 29)

Apresentação de fato

Tema do ano de 2013: Efeitos da implantação da Lei Seca no Brasil
Redação de: Paulo Fagner Melo Silva

> Atualmente, os impactos negativos que a mistura álcool e direção podem ocasionar já são conhecidos por grande parte da população brasileira. Tal fato constitui-se fruto do alcance efetivo de projetos educativos e campanhas publicitárias. Nesse sentido, a promulgação da lei de restrição ao consumo de bebidas alcoólicas por condutores de veiculos foi uma vitória tanto para o Estado quanto à sociedade civil. Seu resultado já pode ser observado através de dados estatísticos fornecidos por órgãos competentes, tais informações demonstram que houve a diminuição do indice de acidentes dessa natureza. No entanto, ainda há casos desse tipo de negligência ao volante. Faz-se necessário não só a complementação da lei existente, mas também a existência de ações afirmativas, as quais auxiliarão no processo de modificação completa deste aspecto cultural. (INEP, 2016a, p. 35)

Definição

Tema do ano de 2013: Efeitos da implantação da Lei Seca no Brasil
Redação de: Vinicius Fernando Alves Carvalho

> Recentemente, a Lei Seca foi legitimada em todo o país. Objetivando a dissociação entre os atos de consumir bebidas alcoólicas e dirigir, a ação legislativa mostra seus resultados em estatísticas animadoras: redução no número de acidentes e de mortes no trânsito. Esse panorama

reafirma o poder coercitivo da lei e alerta para a necessidade de torná-la uma ferramenta de mudanças culturais. (INEP, 2016a, p. 37)

Citação e conceituação

Tema do ano de 2014: Publicidade infantil em questão no Brasil
Redação de: Leandro Henrique Siqueira Molina

> "O progresso roda constantemente sobre duas engrenagens. Faz andar uma coisa esmagando sempre alguém." A frase, do escritor e pensador francês Vitor Hugo, exprime a ideia de que o sistema capitalista funciona baseando-se na exploração constante dos indivíduos. Analisando esse conceito atrelado à conjuntura atual, nota-se que a publicidade direcionada às crianças, no Brasil, possui um caráter predatório, funcionando como meio de criação de futuros consumistas e explorando a relativa facilidade de se persuadir uma criança, através do uso de elementos do universo infantil. (INEP, 2016a, p. 40)

Fato exemplificado

Tema do ano de 2014: Publicidade infantil em questão no Brasil
Redação de: Gabriela Almeida Costa

> Desde o início da expansão da rede dos meios de comunicação no Brasil, em especial o rádio e a televisão, a mídia publicitária tem veiculado propagandas destinadas ao público infantil, mesmo que os produtos ou serviços anunciados

não sejam destinados a este. Na década de 1970, por exemplo, era transmitida no rádio a propaganda de um banco utilizando personagens folclóricos, chamando a atenção das crianças que, assim, persuadiam os pais a consumir. (INEP, 2016a, p. 42)

Comparação

Tema do ano de 2014: Publicidade infantil em questão no Brasil
Redação de: Douglas Mansur Guerra

> Nas antigas fitas VHS, a divulgação dos novos filmes disponíveis para aparelhos de DVD tornava a criança uma consumidora compulsória, capaz de qualquer coisa por aquele novo meio de assistir filmes. Na atualidade, isso se repete quando os discos da Disney mostram-se disponíveis em Blu-Ray. Entretanto, até onde essa publicidade infantil influencia no desenvolvimento da criança? Tal influência seria benéfica? Para o Conselho Nacional de Direitos da Criança e do Adolescente (Conanda), não. Essa postura representa um importante passo para o Brasil. (INEP, 2016a, p. 46)

Dados numéricos

Tema do ano de 2015: A persistência da violência contra a mulher na sociedade brasileira
Redação de: Amanda Carvalho Maia Castro

> A violência contra a mulher no Brasil tem apresentado aumentos significativos nas últimas décadas. De acordo com

o mapa da violência de 2012, o número de mortes por essa causa aumentou em 230% no período de 1980 a 2010. Além da física, o Balanço de 2014 relatou cerca de 48% de outros tipos de violência contra a mulher, dentre esses a psicológica. Nesse âmbito, pode-se analisar que essa problemática persiste por ter raízes históricas e ideológicas. (INEP, 2016a, p. 51)

Narrativa

Tema do ano de 2015: A persistência da violência contra a mulher na sociedade brasileira
Redação de: Alícia Cristine Salome Rozza

> Na revolução de 1930, paulistas insatisfeitos com a falta do poder político que detinham na República do café com leite usaram a falta de uma constituição para se rebelar contra o governo Vargas. O presidente, cedendo às pressões, garantiu na nova Constituição um direito nunca antes conquistado pela mulher: o direito ao voto. A inclusão da mulher na sociedade como cidadã, porém, não foi o suficiente para deter o pensamento machista que acompanhou o Brasil por tantos séculos – fato evidenciado nos índices atuais altíssimos de violência contra a mulher. (INEP, 2016a, p. 55)

Produção textual 1

Agora, chegou a hora de praticar!

Proposta de redação

Com base na leitura dos textos motivadores seguintes e nos conhecimentos construídos ao longo de sua formação, redija um texto dissertativo-argumentativo na modalidade escrita formal da língua portuguesa sobre o tema "A prática do *homeschooling*: alternativa à educação tradicional?". Selecione, organize e relacione, de maneira coerente e coesa, argumentos e fatos para defender seu ponto de vista.

Texto I

1) O que é o *homeschooling* (Educação domiciliar)?

É a prática de Educação que não acontece na escola, mas em casa. Pelo modelo, as crianças e jovens são ensinados em domicílio com o apoio de um ou mais adultos que assumem a responsabilidade pela aprendizagem.

2) Com quem as crianças que estudam em casa aprendem?

Não há um único modelo para a prática. Entre os mais comuns estão os próprios familiares assumirem a tutoria dos estudos ou mesmo um grupo de pais e outros responsáveis pelas crianças adeptas da Educação domiciliar se unirem e dividirem o ensino dos diferentes componentes curriculares.

Há ainda o modelo em que professores particulares são contratados para fazer a tutoria da aprendizagem em casa. A modalidade também obedece ao ritmo e aos interesses de cada criança.

3) As crianças que estudam em casa aprendem os mesmos conteúdos dados na escola regular?

Não necessariamente. Há quem até mesmo utilize de materiais e conteúdo programático usados por escolas para guiar os estudos em casa. No entanto, como no Brasil não há lei que regulamente a prática do *homeschooling*, este modelo não é obrigatório. Em outros casos, os tutores – sejam estes contratados ou familiares – são mais vistos como mediadores do ensino e não focam em todos os conteúdos trabalhados pela escola, mas em ensinar as crianças a aprender. Projetos pedagógicos, cursos de idiomas e livros podem apoiar esse trabalho domiciliar. No caso dos pais que tentam cumprir um conteúdo programático, mas não possuem tanta habilidade ou proximidade com o conteúdo ou componente curricular, há ainda a possibilidade de contratar um professor para orientar esse trabalho.

[...]

13) Quais são os argumentos dos que são contrários ao *homeschooling*?

O primeiro argumento, diante do fato de que não há regulamentação da modalidade, é de que não há mecanismos de controle em relação à frequência e conteúdo lecionado. Sem a definição de regras para a prática da Educação domiciliar, não haveria garantia da qualidade do ensino praticado em casa. Além disso, os contrários à liberação também defendem que a convivência social com grupos variados e interação com opiniões diferentes proporcionada pelo ambiente escolar é de grande importância e não é necessariamente garantida pelos responsáveis que optam pelo *homeschooling*. Competências como falar em público, trabalhar colaborativamente e empatia para lidar com pontos de vista conflitantes também seriam prejudicadas na modalidade. Além disso, alguns especialistas ainda apontam a importância da escola em identificar comportamentos de risco dentro dos ambientes familiares, como abuso sexual, violência doméstica e exploração. Há ainda uma crítica de que apenas as famílias com um poder aquisitivo mais alto poderiam optar pela Educação domiciliar, já que ela pressupõe disponibilidade dos responsáveis para guiar os estudos em casa e, portanto, domínio dos conteúdos a serem ministrados ou ainda condições financeiras para bancar professores particulares.

14) Quais são os argumentos dos que são favoráveis ao *homeschooling*?

Como a prática é motivada por diferentes fatores, há diferentes argumentos entre os grupos favoráveis. Alguns manifestam preocupação com assédio moral, bullying e insegurança nas escolas e colocam que o ambiente familiar proporcionaria maior segurança e menor sofrimento emocional ou mesmo físico. Há ainda os que buscam resguardar as crianças moralmente da escola por questões religiosas ou crenças pessoais. Outras famílias alegam insatisfação com o ambiente escolar e acreditam que em casa poderiam proporcionar melhores resultados acadêmicos por meio da maior flexibilidade ao tempo, planejamento de conteúdos e acompanhamento individual, maior atenção aos problemas de aprendizagem e acompanhamento do desenvolvimento escolar mais próximo. (SEMIS, 2019)

Texto II

Quem defende o sistema [*homeschooling*] considera que as escolas regulares não estão cumprindo sua função, diz querer manter suas crianças distantes da violência, e acredita poder ensinar sozinho o que os filhos aprenderiam na escola. [...]

Mas será que essa é a situação de todas as escolas? E, se os problemas existem, não seria mais corajoso e eficiente enfrentá-los? De que adianta tomar uma decisão individual para um problema que é coletivo? [...]

A luta por uma escola que permita o acesso a todos e a manutenção do ensino vem de muitos anos, e tem como base o direito de toda criança de aprender e de conviver com seus pares. [...]

Carlos Roberto Jamil Cury, docente da Pontifícia Universidade Católica de Minas Gerais (PUC-MG) e professor emérito da Universidade Federal de Minas Gerais (UFMG), explica que a escola tem duas funções básicas: "uma é permitir uma situação permanente e contínua de interação com o outro, que é alguém diferente. A outra é de ser um lugar de compartilhamento de conteúdos". (NOVA ESCOLA, 2013)

Texto III

Para opositores do *homeschooling*, sem o contato contínuo com colegas da escola, as crianças não aprendem a lidar com conflitos, concorrência e pressões sociais. Além disso, a sua visão de mundo ficaria limitada às ideologias dos pais.

Contrária à prática, a Advocacia-Geral da União (AGU) considera que a escola possibilita um aprendizado muito mais amplo do que o que os pais podem proporcionar em casa.

"A escola prepara o indivíduo para situações com as quais inevitavelmente haverá de conviver fora do seio familiar, além de qualificá-lo para o trabalho", argumenta a AGU.

Outra crítica feita por aqueles que se opõem à educação domiciliar é a de que, sem a supervisão das autoridades, a qualidade do ensino e os temas tratados não podem ser garantidos.

Os defensores da prática, por sua vez, chamam atenção para estudos que mostram que os chamados *homeschoolers* obtêm melhores resultados em provas que alunos de escolas normais. Muitos pais usam a aprovação dos filhos no Exame Nacional do Ensino Médio (Enem) como prova da eficácia do ensino domiciliar.

A AGU destaca que a legislação brasileira determina que a educação deve ser oferecida de forma gratuita e obrigatória pelo Poder Público. Segundo a Lei de Diretrizes e Bases, é dever dos pais ou responsáveis efetuar a matrícula dos menores, a partir dos seis anos de idade, no ensino fundamental.

Educação domiciliar pelo mundo

No plano internacional, o exemplo mais conhecido para a prática do *homeschooling* são os Estados Unidos, onde mais de 3% dos alunos recebem educação em casa. Outros exemplos são Canadá, Austrália e Reino Unido. Ao todo, são 63 países que permitem a prática de ensino domiciliar.

Na Alemanha, o Tribunal Constitucional Federal da Alemanha decidiu proibir a educação domiciliar em 2006. Segundo a decisão da corte, "é de justo interesse público contrariar a criação de 'sociedades paralelas' com motivações religiosas ou ideológicas e promover a integração de minorias". (FERREIRA, 2018)

Produção textual 2

A proposta a seguir foi adaptada do Enem 2016. Para conferir a proposta original, acesse a prova disponível no site oficial do Inep (2016b).

Proposta de redação

Com base na leitura dos textos motivadores e nos conhecimentos construídos ao longo de sua formação, redija um texto dissertativo-argumentativo em modalidade escrita formal da língua portuguesa sobre o tema "Caminhos para combater o racismo no Brasil", apresentando proposta de intervenção que respeite os direitos humanos. Selecione, organize e relacione, de maneira coerente e coesa, argumentos e fatos para defender seu ponto de vista.

Texto I

> Ascendendo à condição de trabalhador livre, antes ou depois da abolição, o negro se via jungido a novas formas de exploração que, embora melhores que a escravidão, só lhe permitiam integrar-se na sociedade e no mundo cultural, que se tornaram seus, na condição de um subproletariado compelido ao exercício de seu antigo papel, que continuava sendo principalmente o de animal de serviço. [...] As taxas de analfabetismo, de criminalidade e de mortalidade dos negros são, por isso, as mais elevadas, refletindo o fracasso da sociedade brasileira em cumprir, na prática, seu ideal professado de uma democracia racial que integrasse o negro na condição

de cidadão indiferenciado dos demais. (RIBEIRO *apud* INEP, 2016b, p. 18)

Texto II

LEI Nº 7.716, DE 5 DE JANEIRO DE 1989

Define os crimes resultantes de preconceito de raça ou de cor

Art. 1º – Serão punidos, na forma desta Lei, os crimes resultantes de discriminação ou preconceito de raça, cor, etnia, religião ou procedência nacional. (BRASIL *apud* INEP, 2016b, p. 18)

Texto III

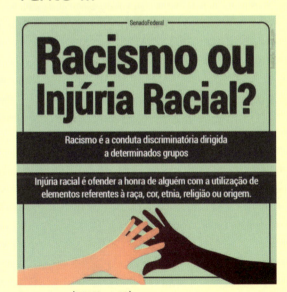

Fonte: Inep (2016b, p. 18).

Texto IV

O que são ações afirmativas

As ações afirmativas são políticas públicas feitas pelo governo ou pela iniciativa privada com o objetivo de corrigir desigualdades raciais presentes na sociedade, acumuladas ao longo de anos.

Uma ação afirmativa busca oferecer igualdade de oportunidades a todos. As ações afirmativas podem ser de três tipos: com o objetivo de reverter a representação negativa; para promover igualdade de oportunidades; e para combater o preconceito e o racismo.

Em 2012, o Supremo Tribunal Federal (STF) decidiu por unanimidade que as ações afirmativas são constitucionais e políticas essenciais para a redução de desigualdades e discriminações existentes no país.

No Brasil, as ações afirmativas integram uma agenda de combate à herança histórica de escravidão, segregação racial e racismo contra a população negra. (BRASIL *apud* INEP, 2016b, p. 18)

Referências

FERREIRA, Laura Gröbner. Argumentos a favor e contra o ensino domiciliar no Brasil. **DW Brasil**, 30 ago. 2018. Disponível em: https://p.dw.com/p/33vuS. Acesso em: 12 mar. 2021.

INSTITUTO NACIONAL DE ESTUDOS E PESQUISAS EDUCACIONAIS ANÍSIO TEIXEIRA (INEP). **A redação no Enem 2016**: cartilha do participante. Brasília, DF: Inep, 2016a. Disponível em: https://download.inep.gov.br/educacao_basica/enem/guia_participante/2016/manual_de_redacao_do_enem_2016.pdf. Acesso em: 19 abr. 2021.

INSTITUTO NACIONAL DE ESTUDOS E PESQUISAS EDUCACIONAIS ANÍSIO TEIXEIRA (INEP). **Exame Nacional do Ensino Médio**. LC – 2º dia. Caderno 6 – Cinza. Brasília, DF: Inep, 2016b. Disponível em: https://download.inep.gov.br/educacao_basica/enem/provas/2016/CAD_ENEM_2016_DIA_2_06_CINZA_2.pdf. Acesso em: 12 mar. 2021.

NOVA ESCOLA. Por que dizer não à educação domiciliar. **Nova Escola**, 1 fev. 2013. Disponível em: https://novaescola.org.br/conteudo/1546/por-que-dizer-nao-a-educacao-domiciliar. Acesso em: 12 mar. 2021.

SEMIS, Laís. Homeschooling: 14 perguntas e respostas. **Nova Escola**, 11 fev. 2019. Disponível em: https://novaescola.org.br/conteudo/15636/homeschooling-14-perguntas-e-respostas. Acesso em: 12 mar. 2021.

Argumentação
– a defesa de uma ideia

05.

Introdução

A redação solicitada pelo Enem é dissertativo-argumentativa, ou seja, além de apresentar a sua opinião sobre algum assunto, algum tema, você deverá oferecer argumentos para poder comprovar sua linha de raciocínio.

Como já falamos em capítulos anteriores, a sua tese deve aparecer logo no início do seu texto, e, nos parágrafos seguintes, você deverá apresentar os argumentos que fundamentam a sua opinião. Por esse motivo, não basta simplesmente apresentar fatos, dados estatísticos ou frases de filósofos: é necessário organizar seu raciocínio, a fim de poder apresentar à banca examinadora um texto competente quanto à qualidade da opinião.

Por isso, os parágrafos de argumentação de seu texto devem ser o alicerce da sua tese, o que significa que uma linha de raciocínio deve ser organizada no *projeto de texto* para mostrar o desenvolvimento das ideias.

Tipos de argumentos

Há muitas formas de argumentar, de comprovar uma tese, uma opinião sobre um tema específico. A apresentação da argumentação, seja em um, dois, três parágrafos ou mais, deve ser organizada para que o leitor possa entender a linha de raciocínio adotada pelo autor. Cada argumento tem como função conduzir o leitor à compreensão do ponto de vista de quem escreveu a redação.

Entre os tipos de argumentos que podem dar consistência e fundamentação à sua tese, estão os elencados a seguir.

Fatos e provas concretas

Os fatos são sempre reais; são acontecimentos que servem como provas irrefutáveis e inegáveis para embasar um ponto de vista.

Exemplificação

A exemplificação, em muitos casos, facilita o entendimento do leitor por ser autoexplicativa.

Dados estatísticos

Muitos alunos acreditam que incluir números na redação é garantia de uma boa argumentação. Alguns imaginam que podem criar números absolutos ou "chutar" dados estatísticos a fim de tentar convencer a banca sobre um ponto de vista. Ainda que qualquer argumento sem análise não funcione, cuidado ao incluir dados em sua redação; eles devem ser fidedignos.

Causa e consequência

Como todos os bons argumentos, a relação de causa e efeito é uma forma de análise bem eficiente, desde que seja bem embasada. É interessante elaborar uma argumentação buscando as causas e as consequências de algum fato relevante.

Citação de autoridade

O candidato pode valer-se de uma fala significativa de um líder social, um pensador, um filósofo, um artista, um antropólogo ou um especialista para compor a argumentação. No entanto, apenas fazer constar uma frase no texto, sem concatená-la com a tese, pode não surtir o efeito desejado.

Analogia ou comparação

Esse tipo de argumento procura contrapor duas situações, dois exemplos que geralmente contrastam entre si. Podem ser comparações geográficas, históricas, culturais, artísticas ou políticas.

Refutação

É a contestação de um possível pensamento contrário à tese apresentada pelo autor. Se bem conduzida, fortalece o posicionamento de quem escreve.

Hipóteses

São suposições que o autor faz a fim de mostrar ao leitor uma linha de raciocínio. Assim, apresenta-se uma possibilidade que pode se concretizar ou não, ficando apenas no campo das ideias, da imaginação.

Alusão histórica

Usar um fato histórico ou uma sequência deles (trajetória histórica) pode mostrar para a banca um bom repertório sociocultural. Lembrando que a simples citação não garante um bom argumento.

Análise e raciocínio lógico

Esses dois itens não são necessariamente argumentos, mas devem fazer parte do seu parágrafo de argumentação. Isso porque *uma informação só se transforma em argumento se for raciocinada, analisada* pelo autor da redação.

Argumentos na redação do Enem

Na redação do Enem, você poderá organizar sua estratégia argumentativa do jeito que achar mais conveniente, dependendo da proposta oferecida pela banca, dos seus recursos argumentativos ou do seu repertório sociocultural.

Leia o texto a seguir e procure observar os recursos argumentativos que foram empregados para tentar comprovar a tese. Note a variação de argumentos que o autor utiliza, partindo de uma opinião pessoal, para deixar seu raciocínio claro.

Esta redação, escrita pelo próprio autor deste livro, é sobre a proposta "O estigma associado às doenças mentais na sociedade brasileira", solicitada na prova do Enem 2020. Ela recebeu a nota 980. Considerando-se que a prova é corrigida inicialmente por dois corretores, isso significa que um deles credenciou 1.000 pontos para essa composição, e o outro corretor, 960 pontos.

> O filme "Estamira" expõe a história de uma catadora de papel, a qual sofre de transtornos mentais. A protagonista – preta, pobre e doente – evoca forças da natureza em seu mundo imaginário, para poder controlar trovões e tempestades. Isso, frente aos olhos de pessoas que debocham e à vista de um sistema público de saúde inoperante. Essa película revela **o que há de mais cruel e lamentável envolvendo os estigmas associados às doenças mentais no Brasil: falta de empatia e ausência do Estado.** ⎯ Tese

(cont.)

Em primeira análise, a desinformação sobre o que são transtornos mentais causa estranhamento em parte da população, a qual prefere desdenhar ou se omitir. Sob essa ótica, perde-se a essência da cordialidade nacional, descrita por Darcy Ribeiro na obra "O Povo Brasileiro"; perde-se o sentimento que poderia auxiliar os doentes mentais em busca do tratamento adequado, orientados por pessoas que conhecessem, por exemplo, os sintomas da depressão, da ansiedade, da esquizofrenia.

— Argumento de autoridade
— Análise da situação
— Exemplificação

Em segunda análise, há a necessidade de o Estado ser mais efetivo em suas ações. Há de se lembrar, com muito pesar, da omissão ou da permissividade estatal na manutenção do Hospício[1] de Barbacena, em Minas Gerais, onde seres humanos eram praticamente "armazenados" por serem considerados socialmente "indesejáveis". Nesse contexto, milhares de vidas poderiam ser salvas se houvesse humanização nos tratamentos médicos adotados.

— Fato histórico
— Relação de causa e consequência

Infere-se, portanto, que medidas devam ser adotadas para mitigar o problema. Para tanto, veículos de comunicação, como rádios, emissoras de televisão, jornais e sites, devem desenvolver e implantar campanhas, por meio de matérias, de anúncios, de propagandas, com artistas conhecidos, em todo o território nacional, com a finalidade de informar e esclarecer a população sobre os estigmas relacionados às questões de saúde mental. Além disso, cabe ao Governo Federal a revisão dos programas na área clínica de bem-estar social, através de análises específicas, com participação de psicólogos e psiquiatras, a fim de oferecer atendimento socioemocional digno e adequado.

---

[1] O termo "hospício" não é mais utilizado, pois remete a um estabelecimento em que os pacientes ficavam presos e recebiam tratamento pouco humanizado; hoje, com iniciativas inclusivas e tratamentos dignos, que estimulam o bem-estar do paciente, é preferível a expressão "hospital psiquiátrico".

Principais falhas argumentativas

Além das falhas de raciocínio, denominadas falácias, muitas vezes, os candidatos descuidam-se ao apresentarem:

- afirmações que não são fundamentadas;
- fatos que não ajudam na argumentação porque não são analisados;
- citações filosóficas que ficam inexpressivas na composição do texto; ou
- conceitos vagos, sem explicação.

> Para pensar
>
> Neste momento, vamos refletir sobre algumas condições da argumentação: vale a pena incluir números que eu não consigo dimensionar e com os quais não consigo trabalhar? Se eu cito um fato, ele serve apenas como exemplo ou devo explorá-lo, explicando para a banca examinadora por que essa prova concreta é importante no meu raciocínio? A frase de um autor famoso que citei faz sentido na composição do meu texto? E o que ela significa em relação ao desenvolvimento da minha redação? Estou apenas apresentando um pretenso, mas infundado, repertório cultural?

Argumentação bilateral

Um texto dissertativo pode ser elaborado com uma argumentação bilateral, que consiste em analisar dois pensamentos, dois posicionamentos sobre o tema, mas adotando apenas uma tese para não ser incoerente.

Assim, o texto pode apresentar, por exemplo, um parágrafo de argumentação com um ponto de vista – de um grupo social que adota uma linha de raciocínio, um modo de pensar – e outro parágrafo que dá voz a outra linha de pensamento. Com isso, consegue-se demonstrar duas vertentes sobre o mesmo tema, para uma reflexão mais ampla.

Essa é uma técnica utilizada, geralmente, em temas polêmicos, o que não é uma tendência no Exame Nacional do Ensino Médio (Enem).

Produção textual 1

Agora, chegou a hora de praticar!

Proposta de redação

Com base na leitura dos textos motivadores e nos conhecimentos construídos ao longo de sua formação, redija um texto dissertativo-argumentativo em modalidade escrita formal da língua portuguesa sobre o tema "Desafios para a valorização do SUS no Brasil", apresentando proposta de intervenção que respeite os direitos humanos. Selecione, organize e relacione, de maneira coerente e coesa, argumentos e fatos para defender seu ponto de vista.

Cartão Nacional de Saúde

Fonte: Brasil (2015).

Texto I

O que é o Sistema Único de Saúde (SUS)?

O Sistema Único de Saúde (SUS) é um dos maiores e mais complexos sistemas de saúde pública do mundo, abrangendo desde o simples atendimento para avaliação da pressão arterial, por meio da Atenção Primária, até o transplante de órgãos, garantindo acesso integral, universal e gratuito para toda a população do país. Com a sua criação, o SUS proporcionou o acesso universal ao sistema público de saúde, sem discriminação. A atenção integral à saúde, e não somente aos cuidados assistenciais, passou a ser um direito de todos os brasileiros, desde a gestação e por toda a vida, com foco na saúde com qualidade de vida, visando a prevenção e a promoção da saúde.

A gestão das ações e dos serviços de saúde deve ser solidária e participativa entre os três entes da Federação: a União, os Estados e os municípios. A rede que compõe o SUS é ampla e abrange tanto ações quanto os serviços de saúde. Engloba a atenção primária, média e alta complexidades, os serviços urgência e emergência, a atenção hospitalar, as ações e serviços das vigilâncias epidemiológica, sanitária e ambiental e assistência farmacêutica. (BRASIL, [s. d.])

Texto II

Para o médico oncologista Drauzio Varella, a valorização do Sistema Único de Saúde (SUS) e o combate às desigualdades sociais no Brasil são as principais "lições" que devem ser tiradas da crise representada pela pandemia de covid-19. Segundo ele, o país deve se tornar, nas próximas semanas, o epicentro mundial da doença, superando os Estados Unidos, dada a elevada taxa de disseminação e o total de casos registrados. [...]

O médico disse que é "mais fácil" manter o isolamento social para aqueles que contam com moradia digna e acesso a serviços essenciais, o que não ocorre nas regiões periféricas. "Se você mora num bom apartamento, com internet em casa, com acesso à Netflix, fica mais fácil. Agora, num lugar sem internet, num único cômodo, com crianças pequenas, como é que segura todo mundo dentro de casa? É uma dificuldade", ressaltou. [...]

Drauzio também afirmou que, sem o SUS, a chegada do novo coronavírus teria trazido também "barbárie e caos" no país. "Você não pode pensar – porque fez um plano de saúde –, que nunca mais vai pôr o pé no SUS. Mas pode acontecer que o hospital particular a que você tem direito não tenha mais vaga. Periga de acontecer realmente. Nessas condições, todos nós vamos depender do SUS." (PEREIRA, 2020)

Texto III

Levantamento da Rede Nossa São Paulo, elaborado em parceria com o Ibope Inteligência e divulgado hoje (5), mostra que seis em cada dez pessoas pertencentes às classes média e alta da capital paulista passaram a valorizar mais o Sistema Único de Saúde (SUS) com a pandemia de covid-19.

Criado pela Constituição de 1988, sob os princípios do acesso universal e igualitário, o SUS é visto pela maioria (69%) desses habitantes como a estrutura que tem evitado que as consequências da crise sanitária sejam "muito piores".

Das 800 pessoas das classes A, B e C que responderam ao questionário online da organização, 62% declararam não ter plano de saúde privado. O formulário foi aplicado no período 17 e 26 de abril, com pessoas de idade igual ou superior a 16 anos.

No total, 40% julgam que o governo federal deve destinar mais verbas à rede pública de saúde. Este é um dos principais fatores considerados cruciais para a mitigação dos impactos da pandemia, juntamente com as medidas de isolamento total da população (37%), a concessão de renda básica emergencial (32%) e a aplicação de testes de diagnóstico de covid-19 (30%).

O coordenador-geral da Rede Nossa São Paulo, Jorge Abrahão, avalia que a pandemia gerou reflexões essenciais sobre a responsabilidade dos governantes e as desigualdades sociais existentes no Brasil. Ao todo, 81% dos participantes acreditam que os moradores das periferias irão sofrer mais com a pandemia. "Fica, claramente, uma discussão que a sociedade tem tido, de alguma forma, sobre qual é o papel do Estado em um país em que três a cada quatro pessoas da população dependem do SUS. Então, se estamos dizendo que tem que se investir mais, valorizar o SUS, temos uma discussão sobre o papel do Estado nisso", afirma Abrahão.

"Talvez seja um ponto de a gente fugir do debate do Estado máximo ou do Estado mínimo, mas existe um debate sobre um Estado necessário, sobretudo para um país como o Brasil, com as desigualdades que tem. O investimento público, a questão de políticas de austeridade, como você reequilibra esse processo, porque estamos vivendo com políticas de austeridade e isso hoje impede, até por conta da Constituição [Federal], com a emenda do teto [Emenda Constitucional nº 95], que investimentos maiores sejam feitos. Como é que a gente soluciona isso diante de um problema como esse que surgiu para todo o planeta mas que estamos tendo aqui no Brasil, lamentavelmente, um avanço muito forte", complementa. (PANDELO, 2020)

Produção textual 2

A proposta a seguir é baseada no Enem Digital 2020. Para conferir a proposta original, acesse a prova disponível no site oficial do Inep (2020).

Proposta de redação

Com base na leitura dos textos motivadores e nos conhecimentos construídos ao longo de sua formação, redija um texto dissertativo-argumentativo em modalidade escrita formal da língua portuguesa sobre o tema "O desafio de reduzir as desigualdades entre as regiões do Brasil", apresentando proposta de intervenção que respeite os direitos humanos. Selecione, organize e relacione, de maneira coerente e coesa, argumentos e fatos para defender seu ponto de vista.

Texto I

Na década de 1970, o Brasil não era apenas um país pobre. A maior parte dos seus municípios era habitada por elevada concentração de pobres, e a carência de serviços essenciais era generalizada. Nos últimos quarenta anos, ocorreu sensível melhora nas condições de vida das cidades brasileiras. A renda *per capita* aumentou, a concentração de pobres diminuiu e a cobertura de serviços de infraestrutura física bem como a oferta de médicos e os níveis de escolaridade melhoraram sensivelmente. Entretanto, a desigualdade de riqueza entre os municípios brasileiros permaneceu rigorosamente estável, a desigualdade territorial da concentração da pobreza aumentou e diminuíram as desigualdades no acesso a serviços básicos de energia elétrica, água e esgoto, coleta de lixo e níveis de escolaridade.

A trajetória da melhora teve, contudo, marcada expressão regional. Nos últimos quarenta anos, ela se iniciou nos municípios mais ricos, nos quais a universalização dos serviços antecede – em muito – a expansão da cobertura aos demais. A melhora das coberturas nas Regiões Sul e Sudeste constitui o primeiro ciclo de expansão para todas as políticas, ainda que com ritmos diferentes para cada política setorial. A melhora da cobertura para as Regiões Sul e Centro-Oeste constitui o segundo ciclo de expansão para todas as políticas. Por fim, as Regiões Norte e Nordeste são a última área de expansão da oferta de serviços. (ARRETCHE, 2015 *apud* INEP, 2020, p. 52)

Texto II

O IBGE divulgou dados sobre a renda em cada estado em 2019. A pesquisa mostrou uma disparidade grande entre as diferentes unidades da federação. Distrito Federal, São Paulo e Rio de Janeiro aparecem como os locais com maior rendimento domiciliar *per capita*.

Além de mostrar as distâncias entre cada estado, os números do IBGE revelam disparidades expressivas entre as regiões brasileiras no ano de 2019. Em especial, fica evidente o menor rendimento por pessoa em estados das Regiões Norte e Nordeste.

Todos os estados das Regiões Norte e Nordeste tiveram rendimentos *per capita* menores que os estados das Regiões Sul, Sudeste e Centro-Oeste em 2019. Isso significa que os 16 estados do Brasil com menor renda domiciliar *per capita* foram os 16 estados pertencentes às Regiões Norte e Nordeste. Da mesma forma, as 11 unidades com maior rendimento em 2019 são as que compõem Sul, Sudeste e Centro-Oeste. (NEXO JORNAL, 2020 *apud* INEP, 2020, p. 53)

Texto III

Qual momento específico da ocupação do território brasileiro acentuou de modo mais relevante as desigualdades sociais?

Santos – A globalização. Ela representa mudanças brutais de valores. Os processos de valorização e desvalorização eram relativamente lentos. Agora há um processo de mudança de valores que não permite que os atores da vida social se reorganizem. Até a classe média, que parecia incólume, está aí ferida de morte.

Em "O Brasil" o sr. diz que a globalização agrava as diferenças regionais brasileiras. Até que ponto ela também integra?

Santos – Ela unifica, não integra. Há uma vontade de homogeneização muito forte. Unifica em benefício de um pequeno número de atores. A integração é mais possível do que era antes. As novas tecnologias são uma formidável promessa. A globalização é uma promessa. (SANTOS, 2001 *apud* INEP, 2020, p. 53)

Referências

BRASIL. Ministério da Saúde. Cartão Nacional de Saúde. **Portal Gov.br**, 22 out. 2015. Disponível em: https://www.gov.br/saude/pt-br/acesso-a-informacao/acoes-e-programas/cartao-nacional-de-saude. Acesso em: 16 mar. 2021.

BRASIL. Ministério da Saúde. Sistema Único de Saúde (SUS): estrutura, princípios e como funciona. **Ministério da Saúde**, [s. d.]. Disponível em: https://antigo.saude.gov.br/sistema-unico-de-saude. Acesso em: 16 mar. 2021.

INSTITUTO NACIONAL DE ESTUDOS E PESQUISAS EDUCACIONAIS ANÍSIO TEIXEIRA (INEP). **Exame Nacional do Ensino Médio 2020**. 1º Dia – Caderno 1 – Azul – Inglês – Aplicação digital. Brasília, DF: Ministério da Educação; Inep, 2020. Disponível em: https://download.inep.gov.br/enem/provas_e_gabaritos/2020_PV_digital_D1_CD1_ingles.pdf. Acesso em: 8 abr. 2021.

PANDELO, Eduardo. Covid leva classes média e alta de SP a valorizar o SUS, diz pesquisa. **Aqui é Trabalho**, 5 maio 2020. Disponível em: http://aquietrabalho.com/covid-leva-classes-media-e-alta-de-sp-a-valorizar-o-sus-diz-pesquisa/. Acesso em: 16 mar. 2021.

PEREIRA, Tiago. Valorizar o SUS e combater desigualdades são as lições da pandemia, afirma Drauzio. **Rede Brasil Atual**, 14 maio 2020. Disponível em: https://www.redebrasilatual.com.br/saude-e-ciencia/2020/05/valorizar-o-sus-e-combater-desigualdades-sao-as-licoes-da-pandemia-afirma-drauzio/. Acesso em: 16 mar. 2021.

Conclusão – terminar a redação com técnica

06.

Introdução

O parágrafo de conclusão da prova de redação do Exame Nacional do Ensino Médio (Enem) pode ser elaborado de diversas maneiras. No entanto, a banca solicita que, em algum lugar do texto, o candidato apresente uma *proposta de intervenção* para o problema abordado, respeitando os direitos humanos, e um dos melhores lugares para elaborar essa proposta é justamente na conclusão.

A proposta de intervenção é o quinto aspecto a ser avaliado pela banca. Ao conduzir seu texto com a problematização do tema solicitado na prova, você precisa oferecer uma proposta de intervenção – geralmente ao final do texto –, popularmente chamada de "solução do problema".

Perceba que a expectativa da banca não é encontrar no seu texto, em um parágrafo, a solução definitiva para alguma mazela, seja de ordem social, científica, cultural ou política. Mas a ideia é que você tenha uma possibilidade, uma oportunidade de contribuir para o exercício da cidadania, visto que é necessário respeitar os direitos humanos.

Cabe lembrar que o seu texto – seja no Enem ou em outras provas – deve ter unidade, ou seja, as partes devem estar relacionadas, como veremos no próximo capítulo. Assim, a conclusão deve realmente finalizar os seus pensamentos sobre aquele tema, com uma iniciativa para combater minimamente o(s) problema(s) apresentado(s).

A própria cartilha do participante do Enem faz a seguinte recomendação aos candidatos (INEP, 2020, p. 26):

> Ao elaborar sua proposta, procure responder às seguintes perguntas:
>
> 1. O que é possível apresentar como solução para o problema?
> 2. Quem deve executá-la?
> 3. Como viabilizar essa solução?
> 4. Qual efeito ela pode alcançar?
> 5. Que outra informação pode ser acrescentada para detalhar a proposta?

Os cinco elementos da proposta

Como afirmado anteriormente, a proposta de intervenção não precisa aparecer, obrigatoriamente, na conclusão do texto, mas grande parte das redações no Enem apresenta a proposta na conclusão, no último parágrafo. Uma outra alternativa é finalizar cada parágrafo argumentativo com a proposta de intervenção para o problema abordado, mas acredito que isso seja mais trabalhoso e menos prático.

Por isso, é importante que a sua conclusão apresente os seguintes elementos: agente, ação, modo, detalhamento e finalidade.

- **Agente**: também chamado de "ator social", é quem executará as ações da proposta sugerida. Pode ser um indivíduo, uma coletividade, um órgão governamental, uma instituição social.

  Entre as possibilidades de agentes, podemos mencionar os da lista a seguir. Com certeza, dependendo do tema solicitado, haverá ainda outros.

  » Cidadãos;

  » sociedade;

  » ONGs;

  » mídia;

  » desenvolvedores de sites e aplicativos;

- » grandes redes sociais;
- » empresas privadas;
- » iniciativa privada;
- » entidades governamentais;
- » escola;
- » instituições escolares;
- » estados da Federação;
- » Congresso Nacional;
- » governo central ou governo federal;
- » ministérios;
- » poderes Executivo, Legislativo ou Judiciário;
- » poder público; e
- » secretarias governamentais.

- **Ação**: é o que será feito pelo(s) agente(s) a fim de resolver o(s) problema(s) apresentado(s). Entre as ações que possivelmente aparecerão como forma de diminuir ou até mesmo eliminar as questões abordadas na argumentação, estão: apresentar, adotar, ampliar, buscar, coordenar, criar, desenvolver, divulgar, elaborar, fazer, garantir, gerenciar, harmonizar, implantar, instalar, organizar, lecionar, mensurar, nutrir, publicar, questionar, resolver, sensibilizar, transformar e valorizar.

- **Modo**: refere-se a de que maneira, com quais instrumentos, as ações sugeridas serão executadas. Ou seja, como o agente poderá realizar as atividades apresentadas?
- **Detalhamento**: refere-se a expor, explicar e exemplificar, de forma minuciosa, o seu pensamento a respeito da proposta de intervenção. O detalhamento do modo, especificamente, é bem apreciado, pois particulariza a instrumentação das ações.
- **Finalidade**: para qual finalidade as ações serão executadas? Com qual propósito esse conjunto de atividades está sendo sugerido por você?

Portanto, compreenda que o seu parágrafo de conclusão na redação do Enem deve ser articulado a fim de apresentar a proposta de intervenção mais completa possível para os problemas abordados no seu texto. Assim, é comum esse parágrafo ocupar uma boa quantidade de linhas na sua produção.

Falhas mais comuns

Para o Inep, a falha mais fatal no texto, em geral, é o desrespeito aos direitos humanos. Essa falta de conscientização social era punida, inclusive, com a anulação da prova de redação. Hoje, se houver essa desconsideração aos direitos, o candidato perde os 200 pontos da competência 5.

Entre as ações que *não devem* constar entre as suas sugestões, a *Cartilha do participante* cita:

> [...] defesa de tortura, mutilação, execução sumária e qualquer forma de "justiça com as próprias mãos"; incitação a qualquer tipo de violência motivada por questões de raça, etnia, gênero, credo, condição física, origem geográfica ou socioeconômica; explicitação de qualquer forma de discurso de ódio (voltado contra grupos sociais específicos). (INEP, 2020, p. 26)

Além disso, o Inep considera os princípios pautados no artigo 3º da Resolução nº 1, de 30 de maio de 2012, o qual estabelece as Diretrizes Nacionais para a Educação em Direitos Humanos (INEP, 2020, p. 26-27):

- Dignidade humana.
- Igualdade de direitos.
- Reconhecimento e valorização das diferenças e diversidades.
- Laicidade do Estado.
- Democracia na educação.
- Transversalidade, vivência e globalidade.
- Sustentabilidade socioambiental.

Outro problema da conclusão é a proposta não estar coerente com a tese desenvolvida ou apresentar soluções para questões que não foram trabalhadas durante a argumentação. É por isso que a intervenção deve estar articulada aos problemas discutidos no texto.

Para pensar

Para termos certeza, ou pelo menos maior convicção, de que estamos apresentando uma proposta de intervenção completa, como quer a banca examinadora, podemos fazer as seguintes perguntas para o nosso parágrafo de conclusão:
- Quem vai executar as ações?
- Quais ações serão realizadas?
- Como serão feitas essas intervenções?
- Com quais detalhes podemos apresentar essas ações?
- Qual o propósito, a finalidade, dessas ações?

Se o seu texto contém as respostas a essas perguntas, parabéns! Muito provavelmente sua redação reuniu os ingredientes necessários para uma boa proposta de intervenção.

Produção textual 1

Agora, chegou a hora de praticar!

Proposta de redação

Com base na leitura dos textos motivadores e nos conhecimentos construídos ao longo de sua formação, redija um texto dissertativo-argumentativo na modalidade escrita formal da língua portuguesa sobre o tema "Os desafios energéticos no Brasil do século XXI", apresentando proposta de intervenção que respeite os direitos humanos. Selecione, organize e relacione, de maneira coerente e coesa, argumentos e fatos para defender seu ponto de vista.

Texto I

O setor de energia e recursos naturais no Brasil – representado pelas indústrias de energia elétrica, petróleo e gás, utilidades públicas (saneamento, distribuição de gás, etc.), energia renovável, mineração e metais e químicos – vinha com um forte direcionador ligado a retomadas dos investimentos. O governo e as agências reguladoras trabalhavam fortemente em agendas positivas, suportados pelo agente econômico, para turbinar essas retomadas. (DUTRA, 2020)

Texto II

O que são recursos naturais?

Utilizados em diversas atividades realizadas pela sociedade, os recursos naturais são elementos retirados da natureza, sendo fundamentais para abastecer as demandas do homem.

Eles são usados, principalmente, na produção de matéria-prima, para a geração de energia e outras inúmeras práticas comuns que refletem o nosso cotidiano. [...]

Recursos naturais renováveis e não renováveis

Falar de recursos naturais implica não apenas abordar seus diferentes tipos, mas também as suas duas divisões, classificadas como recursos naturais renováveis ou não renováveis.

Exemplos de recursos naturais renováveis

Os recursos naturais renováveis são aqueles que conseguem se recompor. Diante disso, eles podem ser inesgotáveis ou ter a capacidade de renovação, seja naturalmente ou por meio da ação humana.

Dentre os exemplos de recursos naturais renováveis inesgotáveis estão a fonte solar e a eólica, as quais não se esgotam, estando sempre disponíveis na natureza.

Já entre os que possuem capacidade de renovação, podemos tomar como exemplos a água, que se renova naturalmente, e os vegetais cultivados na agricultura, que podem ser recuperados com ações externas.

Exemplos de recursos naturais não renováveis

Os recursos naturais não renováveis, como o próprio nome nos diz, não são capazes de se renovar. Quando têm essa capacidade, demoram muito tempo para realizá-la, podendo levar milhares de anos.

Dentro desse campo, observamos o petróleo que, apesar de se formar durante um longo período geológico, é rapidamente extraído. Outros exemplos de recursos não renováveis são os minérios. (PORTAL SOLAR, [s. d.])

Texto III

Consumo energético por fonte em anos selecionados

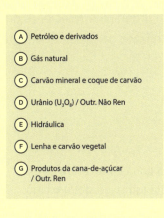

Fonte: Brasil (2021, p. 12).

Produção textual 2

A proposta a seguir foi adaptada do Enem PPL 2017. Para conferir a proposta original, acesse a prova disponível no site oficial do Inep (2017).

Proposta de redação

Com base na leitura dos textos motivadores e nos conhecimentos construídos ao longo de sua formação, redija um texto dissertativo-argumentativo em modalidade escrita formal da língua portuguesa sobre o tema "Consequências da busca por padrões de beleza idealizados", apresentando proposta de intervenção que respeite os direitos humanos. Selecione, organize e relacione, de maneira coerente e coesa, argumentos e fatos para defender seu ponto de vista.

Texto I

A beleza parece caminhar em uma linha tênue entre as escolhas do indivíduo e a imposição coletiva. Se, por um lado, cada um pode buscar a beleza da maneira que considerar melhor para si, por outro, cuidar da beleza torna-se um imperativo. Modelos funcionam como fonte de comparação social, e a exposição às imagens idealizadas da mídia tem como efeito uma redução no nível de satisfação dos indivíduos com relação à própria imagem. Este processo de comparação social também influencia fortemente a autoestima do indivíduo. A percepção de uma discrepância acentuada entre o eu real e o eu ideal gera ansiedade e sentimento de insatisfação com relação ao seu autoconceito e, consequentemente, uma redução na sua autoestima. Na tentativa de atingir um ideal estético socialmente aceito, muitos se dedicam a uma luta incansável para esculpir o corpo perfeito e aproximar-se de um padrão de beleza. (FONTES; BORELLI; CASOTTI, 2015 *apud* INEP, 2017, p. 19)

Texto II

Os transtornos alimentares mais relevantes em nosso contexto sociocultural são a anorexia e a bulimia nervosas. A anorexia nervosa se caracteriza pelo pavor descabido e inexplicável que a pessoa tem de engordar, com grave distorção da sua imagem corporal. Para atingir esse padrão de "beleza" inatingível, o anoréxico se submete a regimes alimentares bastante rigorosos e agressivos. Já a bulimia nervosa se caracteriza pela ingestão compulsiva e exagerada de alimentos, geralmente muito calóricos, seguida por um enorme sentimento de culpa em função dos "excessos" cometidos. Não podemos perder de vista que a formação da autoimagem corporal de cada pessoa está fortemente influenciada pela maneira como a sociedade "impõe" o que é ter um corpo esteticamente apreciável. (SILVA, 2010 *apud* INEP, 2017, p. 19)

Referências

BRASIL. Empresa de Pesquisa Energética (EPE). **Atlas da eficiência energética**: Brasil 2020 – relatório de indicadores. Brasília, DF: Ministério de Minas e Energia; EPE, 2021. Disponível em: https://www.epe.gov.br/sites-pt/publicacoes-dados-abertos/publicacoes/PublicacoesArquivos/publicacao-556/Atlas%20consolidado_08_03_2021.pdf. Acesso em: 8 abr. 2021.

DUTRA, Anderson. O que esperar do setor de energia e recursos naturais pós crise? **AdNormas**, 19 maio 2020. Disponível em: https://revistaadnormas.com.br/2020/05/19/o-que-esperar-do-setor-de-energia-e-recursos-naturais-pos-crise. Acesso em: 7 abr. 2021.

INSTITUTO NACIONAL DE ESTUDOS E PESQUISAS EDUCACIONAIS ANÍSIO TEIXEIRA (INEP). **A redação do ENEM 2020**: cartilha do participante. Brasília, DF: Ministério da Educação; Inep, 2020. Disponível em: https://download.inep.gov.br/publicacoes/institucionais/avaliacoes_e_exames_da_educacao_basica/a_redacao_do_enem_2020_-_cartilha_do_participante.pdf. Acesso em: 29 abr. 2021.

INSTITUTO NACIONAL DE ESTUDOS E PESQUISAS EDUCACIONAIS ANÍSIO TEIXEIRA (INEP). **Exame Nacional do Ensino Médio**. Prova de linguagens, códigos e suas tecnologias e redação. Caderno 4 – Rosa. Brasília, DF: Ministério da Educação; Inep, 2017. Disponível em: https://download.inep.gov.br/educacao_basica/enem/ppl/2017/provas/P2_04_ROSA.pdf. Acesso em: 29 abr. 2021.

PORTAL SOLAR. Recursos naturais: o que são, tipos e exemplos. **Portal Solar**, [s. d.]. Disponível em: https://www.portalsolar.com.br/recursos-naturais-o-que-sao-tipos-e-exemplos. Acesso em: 7 abr. 2021.

Coesão e coerência – união e concordância

07.

Introdução

Coesão (S.f.)

1. União íntima das partes de um todo.
2. Fig. Harmonia, concordância, união.

Escrever um texto não significa apenas colocar uma palavra atrás da outra para formar uma frase. Há vários elementos que são de fundamental importância para estabelecer relações dentro da nossa composição, a fim de construir o sentido e de transmitir as ideias.

Um texto precisa da união de suas partes para a formação de um todo unificado, coeso. Assim, uma redação que apresente encadeamento de ideias sequencializadas linearmente, asseguradas pelos mecanismos sintáticos (parte da linguística que se dedica ao estudo das regras e dos princípios que regem a organização dos constituintes das frases) e semânticos (ramo da linguística que estuda o significado das palavras), com relações de interdependência entre si, pode ser considerada uma redação coesa.

Há vários elementos, vários dispositivos, que podem ser utilizados para construir a coesão textual, no intuito de organizar as palavras e de apresentar melhor o sentido das ideias, buscando um texto claro, lógico e coerente.

É dedutível que as relações entre as partes da redação sejam fruto de uma série de fatores controláveis chamados de *mecanismos de coesão textual*, responsáveis por essa unidade que integra e correlaciona, por exemplo, as frases de um parágrafo, conferindo também a coerência de sentido.

Os conectores

São palavras que têm função de ligação entre os segmentos textuais. Seu uso adequado é a garantia de transmissão de ideias entre as partes do texto. Por outro lado, seu uso inadequado traz confusão, desconexão e até mesmo compreensões dúbias.

- Preposições: em, para, de, por, sem, com, entre outras.
- Conjunções: e, que, quando, para que, mas, entre outras.
- Pronomes relativos: onde, que, os quais, cujo, entre outros.

Exemplo: Duas seleções **que** são adversárias hoje, no futebol, são Alemanha e Brasil. Este, pentacampeão; aquela, tetra.

Elementos anafóricos

São palavras referentes a outras que já apareceram no texto; sua função é retomá-las, recuperá-las:

- esse, essa, isso, aquilo, isso, ele, ela, o, lhe, o qual, seu, sua.

Exemplo: Sabemos que ele é culpado. **Isso** nos incomoda muito.

Elementos catafóricos

São palavras referentes a outras que ainda vão aparecer no texto:

- este, esta, isto, tal como, a saber, por exemplo.

Coesão lexical

Sinônimos

A repetição de palavras, geralmente, compromete a qualidade do texto, mostrando, muitas vezes, falta de vocabulário do redator. Assim, é aconselhável a utilização de sinônimos, como exemplificado a seguir.

Exemplo: Os **moradores de rua** formam uma grande classe de pessoas que perambulam pela capital. São **excluídos sociais** que sofrem toda sorte de situações. **Pessoas desafortunadas**, muitas vezes, pertencentes originalmente a famílias que negam a existência desses seres humanos.

Cada palavra tem o seu valor e o seu significado. Ao substituir uma palavra, a fim de escapar da repetição, tenha em mente dois aspectos:

A. Você pode substituir uma palavra por outra de outro gênero. Se a palavra é masculina, por exemplo, procure por sinônimos femininos também.

B. É necessário encontrar outra palavra que tenha o mesmo significado, ou o mais próximo possível, da palavra a ser substituída.

Hiperônimos e hipônimos

Os hiperônimos são palavras com significado mais abrangente, que abarcam um grupo especificado, os hipônimos. Considere as palavras "cores" e "vermelho": "cores" é hiperônimo de "vermelho", porque "cores" abrange não só o vermelho, mas também o verde, o azul, o amarelo, o laranja, etc.

Essa relação entre as palavras é importante para a coesão textual. Observe o exemplo a seguir, que apresenta hipônimos e, na sequência, hiperônimos.

Exemplo: Muitos **cães** e **gatos** são maltratados e deixados à própria sorte em ruas e becos sujos. Esses **canídeos** e **felinos** esperam um pouco mais de consideração por parte dos seres humanos.

Tipos de coesão

A coesão referencial e a coesão sequencial são chamadas de recursos coesivos por estabelecerem vínculos entre as palavras, as orações e as partes de um texto.

Referencial

Esse tipo de coesão caracteriza-se pelo emprego de termos que permitem a identificação de outros termos (palavras, expressões, frases) referidos dentro do texto. Utilizar a coesão referencial evita a repetição de termos no texto e permite ao leitor identificá-los. Assim, ao retomar o referente com o uso de outras palavras, proporcionamos ao leitor a recuperação de uma ideia.

Exemplo: Chimamanda Adichie é uma escritora nigeriana, defensora dos diretos humanos. Ela é autora de vários livros, como *Sejamos todos feministas* e *Para educar crianças feministas*, obras que oferecem visibilidade a questões sociais importantes.

O que usar?

- Artigos definidos e indefinidos;
- numerais;
- pronomes demonstrativos (este, esse, aquele);
- pronomes relativos (que, o qual, cujo, onde);
- certos advérbios e locuções adverbiais (nesse momento, então);
- verbos "ser" e "fazer"; e
- pronomes pessoais de 3ª pessoa (ele/ela; o/a; lhe).

No processo de integrar a relação entre as ideias, as palavras, as frases e as orações, podemos utilizar os seguintes elementos:

- **Anáforas:** retomada do referente por meio de um elemento coesivo que pode ser um artigo, um advérbio, um pronome ou um numeral.
- **Catáforas:** neste caso, o termo referente aparece depois, ou seja, o elemento de coesão antecipa o referente textual.
- **Elipses:** omissão de um termo que possa ser compreendido.
- **Contiguidades:** palavras de um mesmo campo semântico (análise do significado).

Sequencial

Este tipo de coesão proporciona a progressão textual para que as partes do texto possam ser articuladas e relacionadas, elaborando um encadeamento lógico. As conjunções fazem parte desta modalidade de coesão.

Conjunções	
Coordenativas	
Aditivas	E, nem, também, que, não só, tanto... como, assim como, assim, quanto.
Adversativas	Mas, porém, todavia, contudo, no entanto, entretanto, não obstante, senão, ainda assim.

(cont.)

Alternativas	Ou... ou, ora... ora, quer... quer, seja... seja, já... já, agora... agora, quando... quando.
Conclusivas	Logo, pois (posposto), então, portanto, assim, por isso, enfim, por fim, por conseguinte.
Explicativas	Porque, pois (anteposto), porquanto, que.
Subordinativas	
Causais	Porque, que, pois que, porquanto, já que, por isso que, uma vez que, dado que, como, visto que.
Comparativas	(Do) que, (tal) qual, (tanto) quanto, (tão) quão, (não só) como, (tanto) como, (tão) como.
Concessivas	Embora, quando, quando mesmo, mesmo que, ainda que, em que, por mais que, por menos que, por muito que, por pouco que, se bem que, posto que, a despeito de que, conquanto.
Condicionais	Se, salvo se, exceto se, contanto que, com tal que, caso, desde que, a não ser que, a menos que, sem que, suposto que.
Conformativas	Como, conforme, consoante, segundo, da mesma forma que, do mesmo modo que.
Consecutivas	Tão... que, tal... que, tanto... que, tamanho... que, de modo que.
Finais	Para que, a fim de que, por que, que.
Proporcionais	À medida que, à proporção que, quanto (mais, menos, maior, menor, melhor, pior...), tanto (mais, menos, maior, menor, melhor, pior).
Temporais	Apenas, mal, desde que, desde quando, logo que, até que, antes que, depois que, assim que, sempre que, senão quando, ao tempo que, ao passo que, quando, enquanto, que.
Integrantes	Que, se.

Algumas sugestões do Enem

Como já vimos em capítulos anteriores, o órgão responsável pelo Enem, o Inep, divulga todo ano algumas redações que receberam nota máxima nas edições da prova. Além desses textos constarem na *Cartilha do participante*, podemos encontrá-los em matérias de portais e nas redes sociais da internet.

É possível, portanto, observar quais conectivos foram utilizados pelos autores e pelas autoras – e elas são maioria quando se trata de nota 1.000 – que obtiveram sucesso em suas redações.

Conectivos mais utilizados

No início do 1º parágrafo de argumentação:

- Em primeira análise
- Em primeiro plano
- A princípio
- Em primeiro lugar
- Primeiramente
- De início
- Sob esse viés
- Em uma primeira perspectiva
- Nessa linha de raciocínio
- Primordialmente

No início do 2º parágrafo de argumentação:

- Ademais
- Além disso
- Outrossim
- Em segunda análise
- Em segundo lugar
- Vale ressaltar
- Paralelo a isso
- Por conseguinte
- Simultaneamente
- Vale lembrar

No início do parágrafo de conclusão:

- Portanto
- Diante do exposto
- Por fim
- Dessa forma
- Dessarte
- Desse modo
- Em conclusão
- Logo
- Observa-se, então
- Urge, pois

Produção textual 1

Agora, chegou a hora de praticar!

Proposta de redação

Com base na leitura dos textos motivadores e nos conhecimentos construídos ao longo de sua formação, redija um texto dissertativo-argumentativo em modalidade escrita formal da língua portuguesa sobre o tema "Caminhos para diminuir os casos de DSTs entre os jovens no Brasil", apresentando proposta de intervenção que respeite os direitos humanos. Selecione, organize e relacione, de maneira coerente e coesa, argumentos e fatos para defender seu ponto de vista.

Texto I

Clamídia, gonorreia, sífilis e tricomoníase. Essas são as doenças sexualmente transmissíveis mais comuns, afetando uma em cada 25 pessoas no mundo, segundo a Organização Mundial da Saúde (OMS). A entidade destacou que surgem mais de um milhão de novos casos diariamente. Por ano, este número chega a 376 milhões. A faixa etária mais afetada por esse tipo de infecção está entre 15 e 49 anos. A OMS ainda alertou que um único indivíduo pode estar infectado por mais de uma DST ao mesmo tempo ou contrair várias ao longo do ano.

De acordo com a OMS, o motivo para números tão altos é a negligência no uso da camisinha, que deveria ser utilizada em todas as relações sexuais, especialmente com parceiros encontrados através de aplicativos de namoro ou em bares e baladas. A falta do preservativo acontece porque o progresso da medicina na questão de tratamentos de infecções graves, como HIV, leva as pessoas a pensarem que, se não estão em risco de vida, não há necessidade de prevenção. No entanto, essas DSTs podem trazer inúmeras consequências para a saúde, como infertilidade, natimortos, gravidez ectópica e aumento do risco de HIV.

Tricomoníase: 156 milhões de casos por ano. Esta doença é causada por um parasita. Nos homens, o problema não costuma apresentar sintomas. Para as mulheres, é comum a aparição de corrimento vaginal com odor desagradável, coceira genital e dor ao urinar.

Clamídia: 127 milhões de casos por ano. Esta infecção é causada por bactéria. Geralmente não apresenta sintomas. Quando aparecem incluem dor genital e secreção vaginal ou peniana.

Gonorreia: 87 milhões de casos por ano. Também provocada por bactéria, os sintomas incluem dor ao urinar e secreção anormal do pênis ou da vagina. Os homens ainda podem sentir dor testicular, enquanto as mulheres, dor pélvica. Em alguns casos é assintomática.

Sífilis: 6,3 milhões de casos por ano. Outra infecção bacteriana, a sífilis é dividida em estágios. No primeiro, surge uma ferida indolor na genitália, reto ou boca. Quando ela desaparece, começa a segunda fase, caracterizada por irritação na pele. Depois disso, não há mais sintomas. Entretanto, a falta de manifestação não indica cura e as consequências para a falta de tratamento são graves, já que pode resultar em danos para cérebro, nervos, coração ou olhos. (VEJA, 2019)

Texto II

Cerca de 15% da população que procura atendimento no Ambulatório Municipal de Moléstias Infectocontagiosas Herbert de Souza (DST/Aids), em Uberlândia, têm a infecção [sífilis]. Tanto a sífilis quanto a Aids são focos da campanha de prevenção a infecções sexualmente transmissíveis iniciada ontem na cidade, devido à aproximação do carnaval.

De acordo com a coordenadora do Programa IST/Aids e Hepatites Virais, Cláudia Spirandelli, no ambulatório Herbert de Souza, dos 300 casos de sífilis em adultos notificados no ano passado, 155 foram em gestantes e 87 foram congênitas, ou seja, transmitidas da mãe para o bebê durante a gestação. Já em relação ao HIV, foram 531 novos casos em 2018. Os jovens entre 16 e 29 anos fazem parte da faixa etária em que se percebe o maior aumento dessas doenças em Uberlândia. "Percebemos o descuido em todas as faixas etárias, mas entre os jovens é ainda maior. Ninguém está usando camisinha. É uma questão de não ter medo. Eles acham que, como tem tratamento, tanto faz usar camisinha, porque se pegarem Aids, ou outra doença, podem se tratar. Também tem a questão de achar que com eles não vai acontecer nada", afirmou Cláudia. (MOTA, 2019)

Texto III

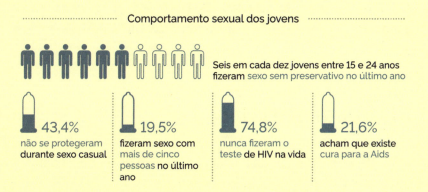

Fonte: adaptado de PCAP (2013) *apud* Marques (2017).

Texto IV

No início da década de 90, começou no GIV [Grupo de Incentivo à Vida] um projeto que atendia crianças, adolescentes e familiares que viviam ou conviviam com HIV/Aids, em sua grande maioria infectados ou afetados pela transmissão vertical. Esse projeto tinha o objetivo de contribuir para a formação de crianças e adolescentes solidários, que respeitassem a diversidade humana e a vida e que tivessem condições de enfrentamento da epidemia da Aids.

O Viver Jovem consiste em reuniões mensais de acolhimento, troca de experiências e apoio psicossocial, com objetivo de proporcionar aos jovens ferramentas para o enfrentamento das questões relacionadas ao HIV/Aids, como viver com HIV, prevenção, adesão, revelação do diagnóstico, sexualidade, relacionamentos, entre outras. (GIV, [s. d.])

Produção textual 2

A proposta a seguir foi adaptada do Enem PPL 2018. Para conferir a proposta original, acesse a prova disponível no site oficial do Inep (2018, p. 19).

Proposta de redação

Com base na leitura dos textos motivadores e nos conhecimentos construídos ao longo de sua formação, redija um texto dissertativo-argumentativo em modalidade escrita formal da língua portuguesa sobre o tema "Formas de organização da sociedade para o enfrentamento de problemas econômicos no Brasil", apresentando proposta de intervenção que respeite os direitos humanos. Selecione, organize e relacione, de maneira coerente e coesa, argumentos e fatos para defender seu ponto de vista.

Texto I

Veja, na figura a seguir, o número de pessoas segundo a forma de trabalho (em milhões).

Evolução do mercado de trabalho

Fonte: adaptado de Portal G1 *apud* Inep (2018, p. 19).

Texto II

Moedas sociais circulam por todo o Brasil e impulsionam economia das comunidades

Engana-se quem pensa que o Real é a única moeda em circulação no Brasil. Além dele, existem centenas de outras, chamadas de moedas sociais, já muito usadas em diversas regiões do país. As moedas sociais estão ligadas a bancos comunitários. Elas são consideradas complementares à moeda oficial brasileira e, em geral, são lastreadas pelo Real. Hoje, as mais de cem moedas sociais em circulação no Brasil movimentam mais de R$ 6 milhões por ano, seja em crédito produtivo, seja em meio circulante físico. Esses bancos atuam onde os bancos tradicionais não entram. (CONEXÃO PLANETA *apud* INEP, 2018, p. 19)

Texto III

P.S.O.: Qual seria a importância principal da economia solidária na sociedade brasileira atual?

Paul Singer: O trabalho é uma forma de aprender, de crescer, de amadurecer, e essas oportunidades a economia solidária oferece a todos, sem distinção. [...] Os trabalhadores não têm um salário assegurado no fim do mês, que é uma das conquistas importantes dos trabalhadores no sistema capitalista, no qual eles não participam dos lucros e tampouco dos riscos. Agora, trabalhando em sua própria cooperativa, eles são proprietários de tudo o que é produzido, mas também os prejuízos são deles. (SINGER, 2008 *apud* INEP, 2018, p. 19)

Referências

GRUPO DE INCENTIVO À VIDA (GIV). Viver Jovem. **GIV**, [s. d.]. Disponível em: http://www.giv.org.br/Atividades-GIV/Viver-Jovem/index.html. Acesso em: 21 maio 2020.

INSTITUTO NACIONAL DE ESTUDOS E PESQUISAS EDUCACIONAIS ANÍSIO TEIXEIRA (INEP). **Exame Nacional do Ensino Médio**. Caderno 13 – Azul. Brasília, DF: Ministério da Educação; Inep, 2018. Disponível em: https://download.inep.gov.br/educacao_basica/enem/provas/2018/Caderno_13_1_dia_PPL_AZUL.pdf. Acesso em: 12 abr. 2021.

MARQUES, Maria Júlia. Por que os jovens não usam camisinha? **UOL**, 13 fev. 2017. Disponível em: https://noticias.uol.com.br/saude/ultimas-noticias/redacao/2017/02/13/por-que-os-jovens-nao-usam-camisinha.htm. Acesso em: 12 abr. 2021.

MOTA, Núbia. Falta de prevenção volta a preocupar. **Diário de Uberlândia**, 26 fev. 2019. Disponível em: https://diariodeuberlandia.com.br/noticia/19939/falta-de-prevencao-volta-a-preocupar. Acesso em: 11 abr. 2021.

VEJA. OMS alerta sobre aumento de DST na era dos aplicativos de paquera. **Veja**, 7 jun. 2019. Disponível em: https://veja.abril.com.br/saude/oms-alerta-sobre-aumento-de-dst-na-era-dos-aplicativos-de-paquera/. Acesso em: 11 abr. 2021.

Repertório sociocultural produtivo – o mundo em uma redação

08.

Introdução

A prova de redação do Exame Nacional do Ensino Médio (Enem) solicita que o candidato "selecione, organize e relacione, de forma coerente e coesa, argumentos e fatos para defesa do seu ponto de vista" (INEP, 2019b, p. 20). Esses "argumentos" e "fatos" podem ser considerados o *repertório sociocultural produtivo*, que aqui chamaremos de RSP. Esse é o termo utilizado na cartilha do Enem para definir o conteúdo absorvido pelos alunos durante a sua vida escolar, sua vida de cidadão, sua vida de ser humano.

Isso significa que, na hora de escrever o texto dissertativo-opinativo, é de extrema importância que o candidato expresse informações aprendidas ao longo da vida, que ele demonstre seu arcabouço cultural, para apresentar seu ponto de vista (tese) e sua argumentação, a qual deverá ser comprovada.

Mas o que é possível utilizar como RSP? Suas experiências, informações absorvidas... tudo o que você traz como bagagem, absolutamente tudo!

Muitas vezes, o problema não é *o que* utilizar no texto, mas *como* utilizá-lo no texto. Será que desenhos animados, séries, histórias em quadrinhos ou músicas pop são válidos como RSP? Claro que sim! Tudo depende de como você vai utilizar esses recursos para apresentar suas ideias.

Como utilizar o RSP no Enem

Já vimos, nos capítulos anteriores, algumas redações nota máxima do exame. Com certeza, para chegar a essa pontuação, o candidato ou a candidata valeu-se de um repertório rico em informações relevantes e bem relacionado ao restante das ideias.

Veja, a seguir, trechos de textos nota 1.000, sobre o tema "Manipulação do comportamento do usuário pelo controle de dados na internet", que apresentam repertórios diversificados.

Texto I

Redação de Pedro Assaad Salloum Moreira da Rocha:

> Ademais, é preciso compreender tal fenômeno patológico como um atentado às instituições democráticas. Isso porque a perspectiva de mundo dos indivíduos coordena suas escolhas em eleições e plebiscitos públicos. Dessa maneira, o povo tende a agir segundo o conceito de menoridade,

do filósofo iluminista Immanuel Kant, no qual as decisões pessoais são tomadas pelo intelecto e influência de outro. Evidencia-se, assim, que o domínio da seletividade de informações nas redes sociais, como Facebook e Twitter, pode representar uma sabotagem ao Estado Democrático. (INEP, 2019a, p. 41)

Texto II

Redação de Natália Cristina Patrício da Silva:

A utilização dos meios de comunicação para manipular comportamentos não é recente no Brasil: ainda em 1937, Getúlio Vargas apropriou-se da divulgação de uma falsa ameaça comunista para legitimar a implantação de um governo ditatorial. Entretanto, os atuais mecanismos de controle de dados, proporcionados pela internet, revolucionaram de maneira negativa essa prática, uma vez que conferiram aos usuários uma sensação ilusória de acesso à informação, prejudicando a construção da autonomia intelectual e, por isso, demandam intervenções. Ademais, é imperioso ressaltar os principais impactos da manipulação, com destaque à influência nos hábitos de consumo e nas convicções pessoais dos usuários. (INEP, 2019a, p. 39)

Texto III

Redação de Fernanda Carolina Santos Terra de Deus:

No filme "Matrix", clássico do gênero ficção científica, o protagonista Neo é confrontado pela descoberta de que o mundo em que vive é, na realidade, uma ilusão construída a fim de

> manipular o comportamento dos seres humanos, que, imersos em máquinas que mantém seus corpos sob controle, são explorados por um sistema distópico dominado pela tecnologia. Embora seja uma obra ficcional, o filme apresenta características que se assemelham ao atual contexto brasileiro, pois, assim como na obra, os mecanismos tecnológicos têm contribuído para a alienação dos cidadãos, sujeitando-os aos filtros de informações impostos pela mídia, o que influencia negativamente seus padrões de consumo e sua autonomia intelectual. (INEP, 2019a, p. 43)

Viu? Entre os repertórios, há uma citação filosófica, um momento histórico e um filme. Mas ainda há várias outras referências que você pode citar. Tudo depende do seu conhecimento e da sua realidade.

Como se lembrar das informações: uma técnica poderosa

Uma das situações corriqueiras para os alunos durante as provas e o vestibular é a falta de concentração para a obtenção de ideias. Na verdade, você não vai obtê-las; não é questão de criatividade, é questão de memória. Assim, como você faria para se lembrar das ideias que poderão compor seu repertório a ser desenvolvido no texto?

Existe uma técnica muito poderosa para nos ajudar a lembrar de informações que estão em nossas cabeças. Esse artifício é conhecido como a *técnica do jornal*, que foi desenvolvida para facilitar a recordação de ideias que já temos armazenadas na mente. Funciona assim:

1. Certifique-se do tema solicitado pela banca examinadora. Geralmente, há palavras-chave em cada tema. Por exemplo:

    - Enem 2020 (1ª aplicação): "O **estigma** associado às **doenças mentais** na sociedade brasileira".
    - Enem 2020 (2ª aplicação): "A falta de **empatia** nas **relações sociais** no Brasil".
    - Enem 2020 (digital): "O desafio de reduzir as **desigualdades** entre as regiões do Brasil".

2. Com a(s) palavra(s)-chave em mente, lembre-se dos cadernos que compõem um jornal impresso ou eletrônico. Pense nas editorias que fazem parte desses veículos de informação. Quer uma dica?

ECONOMIA	INTERNACIONAL	MEIO AMBIENTE
EDUCAÇÃO	AGRONEGÓCIOS	TELEVISÃO
COMPORTAMENTO	MÚSICA	ESPORTES
MODA	CULTURA	TECNOLOGIA
CINEMA	LITERATURA	TEATRO
CLASSIFICADOS	POLÍTICA	SAÚDE
	NEGÓCIOS	CIDADES

3. Cada um desses cadernos ou editorias de um jornal pode estar relacionado a uma ideia ligada ao tema da redação. Na verdade, você pode imaginar que essas editorias são os nomes das "pastinhas cerebrais" onde você guarda suas informações.

Agora que você se lembrou dos cadernos que compõem um jornal, vamos fazer um teste. Vamos ver o tema de 2019 do Enem: "Democratização do acesso ao cinema no Brasil". Quais ideias sobre o cinema estariam guardadas na nossa mente se nós as mapeássemos pela técnica do jornal?

- Cidades: há metrópoles, capitais de região, cidades-satélites e pequenas cidades.
- Comportamento: a população costuma ir ao cinema? Se não, por quê?
- Cultura: a Secretaria da Cultura incentiva a produção cinematográfica?

- Economia: existem dispositivos que favoreçam economicamente os cinemas?
- Educação: é possível ensinar por meio da grande tela do cinema?
- Internacional: Hollywood.
- Literatura: filmes adaptados de obras literárias, como *Iracema*, *O menino do pijama listrado* ou *Memórias Póstumas de Brás Cubas*.
- Cinema: filme *Cinema Paradiso* (é possível escrever de modo metalinguístico).
- Esportes: biografias fílmicas de ídolos e de estrelas do esporte.
- Moda: os desfiles da premiação do Oscar.
- Música: as trilhas sonoras de filmes ou os musicais.
- Negócios: as empresas que poderiam implantar salas de cinema nas cidades.
- Política: novas leis que beneficiassem a cultura, em especial, o cinema.
- Teatro: arte que completa o cinema.
- Tecnologia: melhorias nas projeções dos filmes, no som e na imagem.
- Televisão: muitos filmes são coproduzidos com emissoras de televisão.

Viu quantas ideias e referências podemos conseguir se lembrarmos dos cadernos dos jornais? É claro que nem sempre vem à mente uma ideia ligada a uma editoria, mas a quantidade de repertório sociocultural que vem à tona é espetacular!

Para pensar

É um tanto quanto incomum, hoje, os jovens consultarem jornais impressos. Esse pode ser o seu caso. Por isso, é indicado que você tenha algum portal, algum site na internet para se abastecer de notícias e informações confiáveis e de qualidade.

Agora que você já conhece a técnica do jornal, é importante saber quais são os cadernos, as editorias dos seus sites preferidos para usar melhor essa estratégia.

Pense, pesquise e faça uma lista – salve-a nos seus Favoritos – com os portais de informação mais interessantes para consulta.

Produção textual 1

Agora, chegou a hora de praticar!

Proposta de redação

Com base na leitura dos textos motivadores e nos conhecimentos construídos ao longo de sua formação, redija um texto dissertativo-argumentativo em modalidade escrita formal da língua portuguesa sobre o tema "Impactos da uberização do trabalho no Brasil", apresentando proposta de intervenção que respeite os direitos humanos. Selecione, organize e relacione, de maneira coerente e coesa, argumentos e fatos para defender seu ponto de vista.

Texto I

> O fenômeno da uberização consolidou empresas que agora intermedeiam a demanda de trabalhadores cada vez mais informais. Se, por um lado, isso fomenta o surgimento de novos empregos, por outro há também um processo de precarização da mão de obra – afinal, esses trabalhadores passam a não ter mais vínculos empregatícios. (DIAS, 2020)

Texto II

As relações de trabalho contemporâneas, que trazem falsas evidências de empreendedorismo – com a exemplificação da empresa Uber, que popularizou os aplicativos no ramo dos transportes –, e a precarização do trabalho foram os temas abordados na conferência "Capitalismo em tempos de uberização: do emprego ao trabalho", proferida pela historiadora Virgínia Maria Gomes de Mattos Fontes, durante a 72ª Reunião Anual da Sociedade Brasileira para o Progresso da Ciência (SBPC). A atividade, realizada nessa quarta-feira, 2 de dezembro, foi apresentada pela diretora da entidade, Claudia Linhares Sales.

Fontes explica que as transformações do trabalho têm acontecido ao longo da história do capitalismo moderno. Segundo ela, com a inserção das máquinas e da produção em massa que ocorre de maneira mais rápida e eficiente, os espaços ocupados pelo trabalhador que vende a sua força de trabalho mudaram. E por outro lado, por conta da internet, as plataformas que fazem a ligação entre o trabalhador e a empresa têm crescido. Ao mesmo tempo, essas empresas prosperam devido à redução de custos derivada da desregulamentação geral do mercado de trabalhadores autônomos e informais.

A pesquisadora observa que a criação de novas relações de trabalho, muitas vezes como atividades em que o trabalhador teria a autonomia e liberdade de escolher seus horários de trabalho, nasceu da própria luta social, no sonho de ser livre. Mas que essas iniciativas acabaram capturadas pela reprodução capitalista e criaram muitas vezes uma visão deturpada do que realmente caracteriza essa nova relação de gerenciamento e de controle do trabalho. "Existem diversas empresas que funcionam dessa maneira, dentre as mais populares a Uber, que deu origem ao adjetivo 'uberização'". (COSTA, 2020)

Texto III

Os impactos econômicos da pandemia da covid-19 já são sentidos na oferta de empregos com carteira assinada. Segundo dados do Novo Cadastro Geral de Empregados e Desempregados, o Novo Caged, os meses de março – quando a pandemia chegou ao Brasil –, abril e maio apresentaram uma redução de 1 milhão e 487 mil empregos formais. Wilson Amorim, professor associado do Departamento de Administração da Faculdade de Economia, Administração e Contabilidade (FEA) da USP, explica que, nesse quadro, aumenta-se a informalidade na ocupação e, consequentemente, a precarização das relações de trabalho.

A precarização do trabalho hoje, segundo Amorim, apresenta efeitos imediatos, mas também trará consequências a longo prazo. "Haverá um volume imenso de pessoas com dificuldades em encontrar um trabalho de relação contratual mais estável, isso a longo prazo. De médio a longo prazo, observa-se que, quanto mais pessoas trabalhando na informalidade menos contribuem para a Previdência e para o pagamento das aposentadorias no momento e, consequentemente, no futuro", explica ele. (MILITÃO, 2020)

Produção textual 2

A proposta a seguir foi adaptada do Enem 2019. Para conferir a proposta original, acesse a prova disponível no site oficial do Inep (2019b, p. 20).

Proposta de redação

Com base na leitura dos textos motivadores e nos conhecimentos construídos ao longo de sua formação, redija um texto dissertativo-argumentativo em modalidade escrita formal da língua portuguesa sobre o tema "Democratização do acesso ao cinema no Brasil", apresentando proposta de intervenção que respeite os direitos humanos. Selecione, organize e relacione, de maneira coerente e coesa, argumentos e fatos para defender seu ponto de vista.

Texto I

> No dia da primeira exibição pública de cinema – 28 de dezembro de 1895, em Paris –, um homem de teatro que trabalhava com mágicas, Georges Méliès, foi falar com Lumière, um dos inventores do cinema; queria adquirir um aparelho, e Lumière desencorajou-o, disse-lhe que o "Cinematógrapho" não tinha o menor futuro como espetáculo, era um instrumento científico para reproduzir o movimento e só poderia servir para pesquisas. Mesmo que o público, no início, se divertisse com ele, seria uma novidade de vida breve, logo cansaria. Lumière enganou-se. Como essa estranha máquina de austeros cientistas virou uma máquina de contar estórias para enormes plateias, de geração em geração, durante já quase um século? (BERNARDET, 1993 *apud* INEP, 2019b, p. 20)

Texto II

Edgar Morin define o cinema como uma máquina que registra a existência e a restitui como tal, porém levando em consideração o indivíduo, ou seja, o cinema seria um meio de transpor para a tela o universo pessoal, solicitando a participação do espectador. (GUTFREIND, 2006 *apud* INEP, 2019b, p. 20)

Texto III

O Brasil já teve um parque exibidor vigoroso e descentralizado: quase 3.300 salas em 1975, uma para cada 30.000 habitantes, 80% em cidades do interior. Desde então, o país mudou. Quase 120 milhões de pessoas a mais passaram a viver nas cidades. A urbanização acelerada, a falta de investimentos em infraestrutura urbana, a baixa capitalização das empresas exibidoras, as mudanças tecnológicas, entre outros fatores, alteraram a geografia do cinema. Em 1997, chegamos a pouco mais de 1.000 salas. Com a expansão dos shopping centers, a atividade de exibição se reorganizou. O número de cinemas duplicou, até chegar às atuais 2.200 salas. Esse crescimento, porém, além de insuficiente (o Brasil é apenas o 60º país na relação habitantes por sala), ocorreu de forma concentrada. Foram privilegiadas as áreas de renda mais alta das grandes cidades. Populações inteiras foram excluídas do universo do cinema ou continuam mal atendidas: o Norte e o Nordeste, as periferias urbanas, as cidades pequenas e médias do interior. (ANCINE *apud* INEP, 2019b, p. 20)

Referências

COSTA, Vivian. Uberização e precarização do trabalho e suas consequências. **SBPC – Sociedade Brasileira para o Progresso da Ciência**, 3 dez. 2020. Disponível em: http://portal.sbpcnet.org.br/noticias/uberizacao-e-precarizacao-do-trabalho-e-suas-consequencias. Acesso em: 20 abr. 2021.

DIAS, Tiago. Até a pornografia tem: o que é uberização, como surgiu e outras dúvidas. **TAB UOL**, 7 ago. 2020. Disponível em: https://tab.uol.com.br/faq/uberizacao-o-que-e-como-funciona-como-surgiu-e-outras-duvidas.htm. Acesso em: 20 abr. 2021.

INSTITUTO NACIONAL DE ESTUDOS E PESQUISAS EDUCACIONAIS ANÍSIO TEIXEIRA (INEP). **A redação no Enem 2019**: cartilha do participante. Brasília, DF: Ministério da Educação; Inep, 2019a. Disponível em: https://download.inep.gov.br/educacao_basica/enem/downloads/2019/redacao_enem2019_cartilha_participante.pdf. Acesso em: 5 maio 2021.

INSTITUTO NACIONAL DE ESTUDOS E PESQUISAS EDUCACIONAIS ANÍSIO TEIXEIRA (INEP). **Exame Nacional do Ensino Médio**. Caderno 1 – Azul. Brasília, DF: Ministério da Educação; Inep, 2019b. Disponível em: https://download.inep.gov.br/educacao_basica/enem/provas/2019/caderno_de_questoes_1_dia_caderno_1_azul_aplicacao_regular.pdf. Acesso em: 5 maio 2021.

MILITÃO, Bruno. Pandemia da covid-19 acentuou precarização das relações de trabalho. **Jornal da USP**, 20 jul. 2020. Disponível em: https://jornal.usp.br/atualidades/pandemia-da-covid-19-acentuou-precarizacao-das-relacoes-de-trabalho/. Acesso em: 20 abr. 2021.